幼児教育と小学校教育の
円滑な接続のための参考資料

幼児教育と小学校教育が つながるってどういうこと？

文部科学省 MINISTRY OF EDUCATION, CULTURE, SPORTS, SCIENCE AND TECHNOLOGY-JAPAN

はじめに

幼児期は、生涯にわたる人格形成の基礎を培う重要な時期です。
幼児教育においては遊びを通して小学校以降の学びの芽生えを培い、
小学校ではその学びの芽生えをさらに伸ばしていくことが重要です。

そのためには、幼児教育と小学校教育の円滑な接続が欠かせません。
しかしながら、幼児教育と小学校教育ではその教育内容や方法に違いがあり、円滑な接続は容易なものではありません。事実、「幼児教育は、ただ幼児を遊ばせているだけ」「園では、小学校入学に向けた先取りの教育が大事」などの一部の誤解も相まって、円滑な接続に難しさを抱える自治体や園・小学校もまだまだあるようです。

そこで、幼保小の関係者に、幼児教育と小学校教育の円滑な接続に取り組んでみよう！と思っていただけるきっかけになればと考え、本稿を作成しました。幼児教育と小学校教育のそれぞれについての理解を深められるよう、本稿では、子供たちが幼児期に遊びを通してどのような学びを重ねているのか、小学校では幼児期の遊びを通した学びを踏まえてどのように教育活動を展開しているのかを、お伝えします。

一見すると異なるものに見える幼児教育と小学校教育。
しかし、実は、子供たちに「育みたい資質・能力」や、資質能力の育成に向けた「主体的・対話的で深い学び」「個別最適な学び」と「協働的な学び」の考え方には連続性・一貫性があり、幼児期と児童期の子供の発達や学びはつながっているのです。そして、なにより"子供たちをかけがえのない存在として捉え、一人一人のよりよい成長を願う"というそれぞれの先生方の気持ちは、きっと同じなのではないでしょうか。
現在、地方自治体や園・小学校において「幼保小の架け橋プログラム」に取り組むことが期待される中、施設類型や学校種などを越えて、子供たちの学びをつなげていくために、関係者の皆様に本稿を活用いただけることを期待しております。

幼児教育 と 小学校教育 が つながる？ってどういうこと？

目 次
Contents

はじめに 03

第1章 幼児教育 と 小学校教育

幼児教育と小学校教育の特徴とは？ 08

遊びを通した学び 〜幼児教育が大切にしていること〜 10

幼児教育と小学校教育がつながるために何が行われているの？ 12

コ・ラ・ム 実践事例

幼児教育：5歳児後半の実践事例 16

小学校教育：入学当初（4月）の実践事例 18

第2章 各教科等における学びのつながり 授業展開例

各教科等における学びのつながり 授業展開例 22

この章の構成 23

国語科 担当者からのメッセージ 24

幼児期の遊びを通した学びと国語科 話すこと・聞くこととのつながり 26

幼児期の遊びを通した学びと国語科 書くこととのつながり 28

幼児期の遊びを通した学びと国語科 読むこととのつながり 30

算数科 担当者からのメッセージ ……………………………………………… 34

幼児期の遊びを通した学びと算数科 数と計算とのつながり ………………… 36

幼児期の遊びを通した学びと算数科 図形とのつながり …………………………… 38

幼児期の遊びを通した学びと算数科
測定（身の回りのものの大きさ）とのつながり ………………………………… 40

幼児期の遊びを通した学びと算数科 測定（時刻）とのつながり ………………… 42

幼児期の遊びを通した学びと算数科 データの活用とのつながり ………………… 44

生活科 担当者からのメッセージ ……………………………………………… 46

幼児期の遊びを通した学びと生活科 学校と生活とのつながり ………………… 48

幼児期の遊びを通した学びと生活科 自然やものを使った遊びとのつながり … 50

幼児期の遊びを通した学びと生活科 動植物の飼育・栽培とのつながり …… 52

幼児期の遊びを通した学びと生活科 自分の成長とのつながり ………………… 54

音楽科 担当者からのメッセージ ……………………………………………… 56

幼児期の遊びを通した学びと音楽科 歌唱とのつながり …………………………… 58

幼児期の遊びを通した学びと音楽科 器楽とのつながり …………………………… 60

幼児期の遊びを通した学びと音楽科 音楽づくりとのつながり ………………… 62

幼児期の遊びを通した学びと音楽科 鑑賞とのつながり …………………………… 64

図画工作科 担当者からのメッセージ ………………………………………… 66

幼児期の遊びを通した学びと図画工作科 造形遊びをする活動とのつながり … 68

幼児期の遊びを通した学びと図画工作科 絵に表す活動とのつながり ………… 70

幼児期の遊びを通した学びと図画工作科 立体に表す活動とのつながり ……… 72

幼児期の遊びを通した学びと図画工作科 工作に表す活動とのつながり ……… 74

体育科 担当者からのメッセージ ……………………………………………… 76

幼児期の遊びを通した学びと体育科
体つくりの運動遊び（多様な動きをつくる運動遊び）とのつながり ……… 78

幼児期の遊びを通した学びと体育科 器械・器具を使っての運動遊び
（鉄棒を使った運動遊び）とのつながり ……………………………………………………… 80

幼児期の遊びを通した学びと体育科 走・跳の運動遊び（走の運動遊び）
とのつながり ……………………………………………………………………………………… 82

幼児期の遊びを通した学びと体育科
水遊び（水の中を移動する運動遊び，もぐる・浮く運動遊び）とのつながり … 84

幼児期の遊びを通した学びと体育科 ゲーム（ボールゲーム）とのつながり …… 86

幼児期の遊びを通した学びと体育科 表現リズム遊び（表現遊び）
とのつながり ……………………………………………………………………………………… 88

特別の教科 道徳 担当者からのメッセージ ……………………………………… 90

幼児期の遊びを通した学びと特別の教科 道徳
善悪の判断，自律，自由と責任とのつながり …………………………………………… 92

幼児期の遊びを通した学びと特別の教科 道徳
家族愛，家庭生活の充実とのつながり …………………………………………………… 94

幼児期の遊びを通した学びと特別の教科 道徳 自然愛護とのつながり ………… 96

幼児期の遊びを通した学びと特別の教科 道徳 友情，信頼とのつながり ……… 98

特別活動 担当者からのメッセージ ……………………………………………… 100

幼児期の遊びを通した学びと特別活動 学級活動（1）とのつながり …………… 102

幼児期の遊びを通した学びと特別活動 学級活動（2）とのつながり …………… 104

幼児期の遊びを通した学びと特別活動 学級活動（3）とのつながり …………… 106

幼児期の遊びを通した学びと特別活動 学校行事とのつながり …………………… 108

「幼児教育と小学校教育がつながるってどういうこと？」作成協力者 ……… 110

第1章

幼児教育と小学校教育

幼児教育と小学校

幼児教育と小学校教育の特徴を、教育課

幼児教育（幼稚園・保育所・認定こども園）

教育の目標	「感じる」「気付く」「考える」「工夫する」「興味をもつ」「関わる」等の**経験を重視**
教育の方法等	**遊びを通した総合的な指導**
幼稚園教育要領等	**5つの領域からなる「ねらい」と「内容」** （健康・人間関係・環境・言葉・表現）

共通 幼児教

幼児教育

「幼児期の終わりまでに育ってほしい姿」を念頭に置きながら、小学校以降の生活や学習の基盤となる資質・能力を育成する

「幼児期の終わり
（10の姿）

教育課程等	一人一人の資質・能力を育んでいくよ
教育方法	「主体的・対話的で深い学び」の実現

幼児教育と小学校教育の特徴を見てみると、様々な違いがあるように見えますが、子供の学びは
では、幼児教育ではどのように子供たちの資質・能力の育成を図っているのか、見てみましょう

教育の特徴とは？

等や教育方法などの面から見てみましょう。

小学校教育

教育の目標	「～できるようになる」「分かるようになる」等の **目標への到達度を重視**
教育の方法等	各教科等の目標・内容に沿って選択された **教材による授業**
小学校 学習指導要領	**各教科等における目標及び内容** （国語科・社会科・算数科・理科・生活科・音楽科・図画工作科・家庭科・体育科・外国語科・道徳科・外国語活動・総合的な学習の時間・特別活動）

小学校教育

小学校教育

「幼児期の終わりまでに育ってほしい姿」

※円滑な接続の手掛かりとして活用

「幼児期の終わりまでに育ってほしい姿」を踏まえた指導を工夫することにより、幼児期に育まれた資質・能力を踏まえて、教育活動を実施する

教育の内容等を組織的かつ計画的に編成

続していて、一人一人の資質・能力を育んでいくことには変わりはありません。

遊びを通した学び～幼児教育

幼児期は、幼児が自発的・主体的に人やものと関わりながら、遊びを通して必要な能力
そのため、幼児教育では、幼児の「遊びを通した学び」を大切にしています。ただ自由
幼児一人一人が自ら興味や関心をもって、遊びに夢中になる中で試行錯誤しながら、様
保育者は、幼児の遊びが確保されるよう、小学校以降の教育とのつながりを見通しなが
幼児教育では、こうした教育を「環境を通して行う教育」と呼んでいます。
そして、こうした幼児教育を通して育まれた幼児の資質・能力は、その後の小学校以降

小学校以降の生活

幼児 遊びを通した総合的な指導を通して、
幼児教育において育みたい資質・能力

―― ものを転がす遊び ――

―― ものを転がす遊びを通して育まれる資質・能力の例 ――

- うまく転がしたいと思い、様々な斜度や素材で試してみる
- 友達の転がす様子をよく見たり、転がし方のアイデアを出し合ったりする
- 何度も試しながら、転がる仕組みに気付く
- 発見したうまく転がる方法を他の友達に伝える　など

保育者 一人一人の幼児を理解し、幼児の興味が広がったり
素材などの物的環境や、保育者や友達との関わりな

が大切にしていること〜

態度などを獲得していく時期です。
遊ばせるのではなく、
経験を重ねていくことを大切にしています。
意図をもって幼児を取り巻く人やものといった環境を構成しています。

生活や学習においての基盤となっています。

学習の基盤となります。

が一体的に育まれていきます。

―― 幼児教育において育みたい資質・能力 ――

知識及び技能の基礎
豊かな体験を通じて、幼児が自ら感じたり、
気付いたり、分かったり、
できるようになったりすること　など

思考力，判断力，表現力等の基礎
気付いたことや、できるようになった
ことなどを使い、考えたり、試したり、
工夫したり、表現したりすること　など

遊びを通しての
総合的な指導

学びに向かう力，人間性等
心情、意欲、態度が育つ中で、
よりよい生活を営もうとすること
など

※資質・能力が育まれている幼児の具体的な姿として、幼稚園教育要領等では「幼児期の終わりまでに育ってほしい姿」（10の姿）が示されています。

深まったりして遊びがさらに展開されるよう、必要な遊具や用具、
の人的環境など、教育的に価値のある環境を計画的に構成しています。

11

幼児教育と小学校教育がつながるために何が行われ

幼児教育で育まれた資質・能力を小学校以降の教育で更に伸ばしていくために、子供たちのいわゆる「アプローチカリキュラム*」や「スタートカリキュラム」「架け橋期のカリキュラム」等

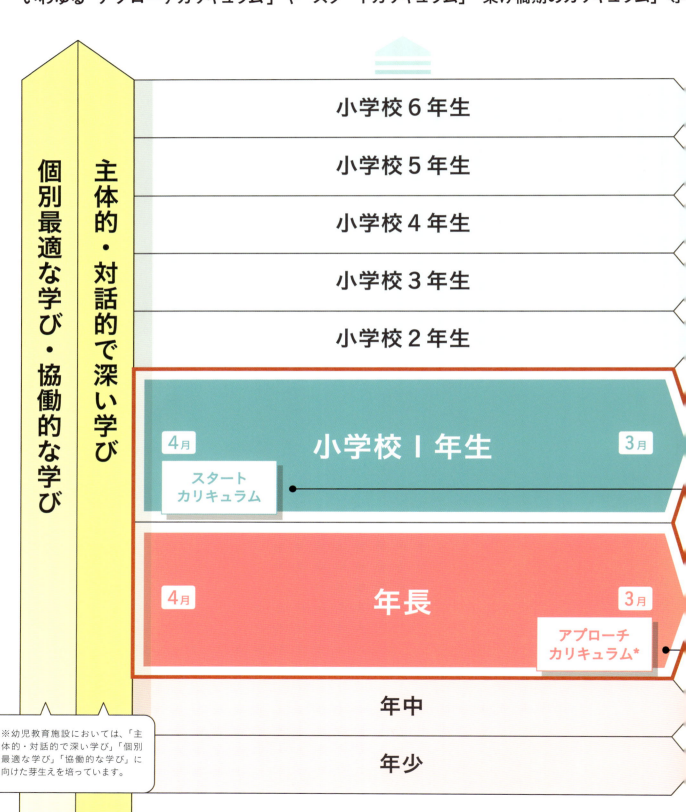

※幼児教育施設においては、「主体的・対話的で深い学び」「個別最適な学び」「協働的な学び」に向けた芽生えを培っています。

ているの？

将来を見据え、0歳から18歳までの学びの連続性に配慮しながら、
により、教育内容や教育方法を工夫しています。

幼保小の架け橋プログラム

「架け橋期」（5歳児から小学校1年生までの2年間）の教育の充実を図るため、幼保小の先生はもとより、保護者や地域住民等の子供に関わる大人が立場の違いを越えて自分事として連携・協働し、子供一人一人の多様性に配慮した上で、全ての子供に学びや生活の基盤を育むことを目指す取組

参照：幼保小の架け橋プログラムの実施に向けての手引き

架け橋期のカリキュラムとは

幼保小の先生が、共通の視点をもちながら、相互の教育内容や教育方法の充実を図るため、協働して作成する「架け橋期」のカリキュラム

架け橋期

スタートカリキュラム とは

小学校へ入学した子供が、幼稚園・保育所・認定こども園などの遊びや生活を通した学びと育ちを基礎として、主体的に自己を発揮し、新しい学校生活を創り出していくためのカリキュラム

参照：発達や学びをつなぐスタートカリキュラム　スタートカリキュラム導入・実践の手引き

アプローチカリキュラム* とは

小学校の先取りの教育ではなく、小学校以降の教育を見通しながら、その基盤となる資質・能力を育成していくことを踏まえて教育活動を実施するためのカリキュラム

※「アプローチカリキュラム」とは、文部科学省として正式に使用している用語ではありませんが、小学校以降の教育との接続を確かなものとするために、各自治体において進められている取組のひとつ。名称や内容、時期の捉え方は自治体によって異なります。

コラム

実践事例

架け橋期に行われている幼児教育や
小学校の授業の事例をご紹介します。
5歳児後半と入学当初、それぞれの時期における
先生の意図と働きかけの例をご覧ください。

幼児教育

5歳児後半の実践事例

▶ 神奈川県平塚市　平塚保育園

近隣の小学校との交流会で楽しかったシャボン玉遊びをきっかけに、友達と一緒に試行錯誤を繰り返しながら、自分たちだけでのシャボン玉づくりの実現へとつながっていく事例

START

▶ **シャボン玉をつくりたい**

交流会でやったシャボン玉づくりを、園でもやりたいという思いが生まれる

先生の思い・関わり

「やりたい」という思いが生まれることを見通して、主な材料をいつでも出せるように準備しておきます。

この遊びが、友達と一緒に試したり考えたりする経験につながるよう、必要な材料などを子供から聞き出していき、遊び出せるようにします。

▶ **小学生みたいにやりたい**

「洗濯糊・食器用洗剤・水」を混ぜ始める

▶ **こうしたらどうなる？**

「ストローを太くしたら大きくなるかな？」「いいね！」「モールで四角をつくったら、どんな形のシャボン玉になる？」思い付いたことや考えたことを出し合い、試行錯誤を続ける

先生の思い・関わり

「こうしたらどうなる？」をとことん楽しめるよう、絵本や図鑑を出しておきます。

▶ **もっとしたいが膨らんで**

「もっと大きく作りたい」「割れないようにしたい」「色を付けたい」

先生の思い・関わり

同じ目標を思い付いた子供た考えを交流しながら試行錯誤場を設定し直したり、新たなることを期待して素材を増や

▶ **本を見たら分かるんじゃない？**

「ここになんて書いてある？」「読んでみよう」

先生の思い・関わり

友達に読んでもらったり、自分で読だりしながら、新たな考えが生まれ試していく様子を見守ります。

5歳児後半のこの時期は、
小学校以降の生活や学習を見通して、ここを意識した!!

同じ目標に向かって友達と一緒に取り組み、実現する嬉しさを味わえるようにすること。

相手の考えに触れ、新たに気付いたり考えを取り入れたり試行錯誤しながら探究することを楽しめるようにすること。

気付いたことや考えたことを自分なりの言葉で相手に伝えられるようになること。

先生の思い・関わり

子供たちが材料に触れながら様々に感じる時間を確保します。

▶ どのくらい入れる？
「洗剤と糊を多くしてみよう」「混ぜる量を変えてみる？」

先生の思い・関わり

混ぜる量を加減する必要があることに気付いたことを生かし、メモリ付きの計量カップや、混ぜた量を書き留めておけるボードを近くに出します。

＼大成功！やったー／

集まってるよう、が生まれりします。

水と糊の量を調整しながら新たな気付きが生まれることや、考えを出し合いながら試行錯誤することなどの様々な経験が小学校の各教科等の学びにつながっています。

▶ 友達に見てもらおう！

先生の思い・関わり

自分たちの遊びの過程を振り返られるようインタビューしながらシャボン玉づくり大成功の秘密に気付いたり、友達に分かるように伝えたりする経験につないでいきます。

17

小学校教育

入学当初（4月）の実践事例

▶ **滋賀県　湖南市立三雲小学校**

安心して学校生活を始めるための「スタートカリキュラム」の一つとして、教室の場所・ものの使い方や学校のルールを探究的に学ぶ学校探検の事例

START

▶ **もっと友達のことを知りたい！**

自分の好きなものを紹介したり、学校で楽しみなことを話したりしながら、友達同士で自然と打ち解けていく

先生の思い・関わり

入学時は「安心感」を大切にして、一人ずつ前に出て発言するのではなく、園でなじみのあるサークルタイム形式で話します。

▶ **探検で疑問を解決！**

探検で発見したこと、不思議に思ったことを伝え合い、再び探検しながら、解決していく

先生の思い・関わり

発見や不思議を共有することで、新たな気付きや疑問が生まれ、探検を重ねながら解決していきます。

▶ **もっともっと探検したい！**

音楽室を探検していたら、終了のチャイムがなってしまい「もっと見たかったな」「次の時間でも、また音楽室を見てみようか」とつぶやいている

先生の思い・関わり

子供のつぶやきや思いなどを、全体で共有するなどして、次の活動の「めあて」としていきます。

小学校入学当初のこの時期に、幼児期の経験を生かして、ここを意識した!!

入学当初は幼児期とできるだけ近い環境を意識しながら、"安心感"をもてるようにすること。

「今までに見たことある？」「園でやったことある？」など幼児期の経験を子供から引き出しながら授業を進めること。

先生が学習内容を一方的に教えるのではなく、子供の「！（気付き）」や「？（疑問）」を学校探検という具体的な活動を通して解決できるようにすること。

子供の生活リズムや集中する時間、意識の高まりを大切にして、２時間続きの学習活動を位置付けるなどの時間配分の工夫をすること。

▶ どこを探検しようかな…

「学校にはガイコツがいるんだって！」「楽器がいっぱいあるんだって」
入学前から気になっていた疑問を伝え合う

先生の思い・関わり

「園にはどのような場所があったかな？」「園と比べてみて違うかな？」など、子供たちの園での経験を引き出しながら、思いや願いを生かしていきます。

▶ ○○を探検したい！

たくさん出てきた疑問や気付きから「ぼくは…」「私は…」と一人一人の思いや願いの実現に向けて、行きたい場所へ探検に出かけていく

先生の思い・関わり

子供一人一人の思いや願いの実現に向けて、学校を探検するという具体的な活動を通して解決できるようにしていきます。

▶ 友達に伝えたい！
　絵でかいてみたい！

学校探検で見付けたものをかき出して、地図に貼り、「名前は分からないけれど、こんなものがあったよ！」「こんな形をしていたよ！」と集めて整理していく

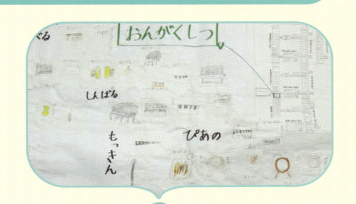

第2章

各教科等における学びのつながり

授業展開例

各教科等における学びのつながり 授業展開例

幼保小の接続に取り組んでいる または取り組もうとしている先生方からは

幼児期の遊びを通した学びが、小学校の各教科等の学びにどのようにつながっているのか、分からない。

スタートカリキュラムが終わってからも、幼児期の経験や学びを生かしながら、授業を展開していくにはどうしたらいいの？

幼児期の経験や学びが一人一人違い、身に付けるべき各教科等の内容も決まっているので、できることには限界がある。

など様々な声が聞こえてきます。
そんな先生方にこそ、参考にしていただきたい資料です。

幼児教育と小学校教育の特徴には、様々な違いがあるように見えますが、子供の学びは連続していて、一人一人の資質・能力を育んでいくことには変わりはありません。また、幼児期において皆が同じ経験をしてきているわけではありませんが、その多様な経験を引き出して共有するなど一人一人の経験を生かし組み合わせた授業を展開することで、よりよい学びを生み出していくことにつながります。
第2章では、「遊びを通した学び」と「小学校の各教科等における単元等」へのつながりについて、実際の授業展開例としてご紹介します。

なお、本資料は、幼児教育施設で日々大切にされている子供たちの遊びの中に学びの芽生えが育まれていることや、その芽生えが小学校以降の教育でさらに伸ばされていくことのつながりを分かりやすく示すことを目指したものであり、本資料で示す活動そのものの実施を求めるものではありません。

幼児期の興味や関心に基づいた多様な体験は小学校以降の各教科等の学習だけではなく、生活の基盤にもつながっています。本稿第2章では、幼児教育施設での遊びや小学校の授業とのつながりに焦点を当ててご紹介いたします。

言うまでもなく、幼児教育施設での遊びや小学校での授業は、各園・小学校の子供たちの様子や地域の実態を十分考慮しながら展開することが重要です。幼児教育と小学校教育のつながりを深め、子供一人一人が、自分自身の力をよりよく発揮しながら成長するために、先生方一人一人が目の前の子供の姿に応じた保育や授業を展開する際のご参考としてください。

［この章の構成］

各教科等の表紙

各教科等の特徴と、より関連の深い幼児期の遊びを通した学びをまとめています。

幼児期の遊びを通した学びと各教科等における単元等のつながり

各教科等につながる、幼児期の遊びの例とともに、その遊びを通して育まれる各教科等につながる力を掲載しています。

ここをCheck!
この単元等に特に関連が深い「幼児期の終わりまでに育って欲しい姿」を示しています。

各教科等の単元等における幼児期の姿をもとにした授業展開例

幼児期の遊びを通した学びを生かした各教科等における授業の展開例を掲載しています。

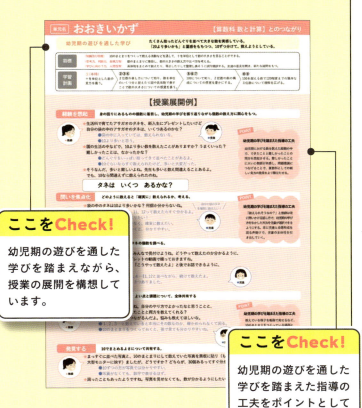

ここをCheck!
幼児期の遊びを通した学びを踏まえながら、授業の展開を構想しています。

ここをCheck!
幼児期の遊びを通した学びを踏まえた指導の工夫をポイントとして示しています。

国語科

担当者からのメッセージ

お話 東京都教育庁指導部義務教育指導課
吉田 元先生 ／ 東京都昭島市立光華小学校
安藤 浩太先生

国語科の特徴

　国語科は「言葉による見方・考え方」を働かせながら、様々な言語活動を通して、言葉を正確に理解し適切に表現できる資質・能力を育む教科です。

　幼児期では、遊びや生活の中で経験したことや考えたことを自分なりの言葉で表現し、相手の話す言葉を聞こうとする意欲や態度を育て、言葉に対する感覚や言葉で表現する力を養っていきます。気持ちや行動をコントロールしたり、他者とやり取りしたり、絵本や物語を楽しんだりするなど、言葉を介して身近な人と関わりながら多くのことを学んでいます。そしてそれは、資質・能力の育成に大きく寄与しています。

　また、幼児期では自分なりの言葉で話すこと、友達や保育者の話を聞くこと、いわゆる「話すこと・聞くこと」といった音声言語が中心であり、小学校では、そこに「書くこと」「読むこと」といった文字言語での学びが加わります。このような用いる言語の特徴を自覚し、幼児期に育まれた言葉に対する感覚や言葉で表現する力を生かしながら、円滑に接続できるようにすることが求められます。そのために、絵本や紙芝居などの児童文化財を教材や学習活動に取り入れたり、幼児期の学びを生かし、環境の構成を工夫したりするとよいでしょう。

　そういった言葉の育ちは、国語科だけでなく、小学校でのあらゆる学習の基礎になっていくと言えます。

幼児期の遊びを通した学び

　遊びや生活の中での様々な感動体験を言葉で伝えたり、聞いたりしながら、話すこと、聞くことの楽しさを味わいます。そうして保育者や友達と心を通わす中で、絵本や物語に親しみながら豊かな言葉や表現を身に付けていきます。また、遊びや生活の中で、文字に親しみ、興味や関心をもつようになります。

具体的には…

● 自分の思いや考えを言葉で伝えたり、友達の考えを聞いて取り入れたりしながら遊びを進める面白さを味わう

● 園庭で知らない虫を見付けた驚きや嬉しさを友達に伝えたり、絵本や図鑑で虫について調べることを楽しんだりする

● 読み聞かせで読んでもらった絵本を気に入り、繰り返し絵本を見たり読んだりしながら、文字への興味や関心を深める

国語科

Contents

「幼児期の遊びを通した学び」と「国語科」とのつながり

話すこと・聞くこととのつながり ……………………………………………… 26

［単元名］「ねえ聞いて、わたしのお話」

書くこととのつながり ………………………………………………………… 28

［単元名］生まれる、わたしの物語

読むこととのつながり ………………………………………………………… 30

［単元名］広げる！楽しむ！お話世界

［単元名］○○クイズをつくろう

幼児期の遊びを通した学び と 国語科 話すこと・聞くこと とのつながり

遊びを通した学び
リズムに乗って…
「こうやって手を伸ばすといいかな？」「うん、かっこいい！」と自分の考えを伝えたり、相手の考えを分かったりしながら、踊りを楽しんでいる。

主体的な学びを引き出す保育者の援助と環境の構成
いつでも友達と一緒に踊ることを楽しめるように、身に付けるものや音楽をかける機器などを環境として用意しています。幼児が互いに思いを出し合いながら遊びを進めているかを大切にしています。

遊びを通した学び
帰りの会での振り返り…
「今日はね、□□ちゃんと一緒に鬼ごっこしてね…」と学級の友達や保育者に楽しかったことを自分なりの言葉で伝えることを楽しんでいる。

主体的な学びを引き出す保育者の援助と環境の構成
帰りの会など学級で集まる場面で、幼児が安心して楽しかったことを伝えられるように、集まり方を工夫したり、必要に応じて言葉を補ったりします。聞いてもらう喜びや伝わる嬉しさを感じられるように、保育者も幼児と共に話を聞きます。

遊びを通した学び
虫探し…
「あっ、蝶々見付けた！アゲハチョウかな？」虫を発見したワクワク感。思わず友達に話したことに共感してもらって喜んでいる。

遊びを通した学び
当番交代…
「明日のモルモット当番は、○○グループです」「今日のお休みは、△△君です」当番交代やお休み調べの中で、相手に伝わるように当番や生活グループ名、友達の名前を学級に伝えている。

主体的な学びを引き出す保育者の援助と環境の構成
当番活動名や、交代する友達やグループ名を学級全体に伝えられるよう、時間を設けています。話す側も聞く側も分かりやすいよう、当番表を掲示しています。

遊びを通した学び
ごっこ遊びの場面で…
「プリンセスになって踊りましょ！」と、ごっこ遊びの中で、自分のやりたいことを友達に話して、なりきって表現している。

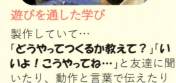

遊びを通した学び
製作していて…
「どうやってつくるか教えて？」「いいよ！こうやってね…」と友達に聞いたり、動作と言葉で伝えたりしている。

幼児教育を通して育まれた10の姿
- 言葉による伝え合い
- 豊かな感性と表現

※これらの活動では他にも「自然との関わり・生命尊重」「健康な心と体」「協同性」などの姿も見てとれますが、ここではあえて「話すこと・聞くこと」に深くつながるものだけを抜粋して記載しています。

小学校の各教科等における資質・能力とのつながり
- 身近なことや経験したことなどから話題を決め、伝え合うために必要な事柄を選ぶ
- 話し手が知らせたいことや自分が聞きたいことを落とさないよう集中して聞き、話の内容を捉えて感想をもつ
- 互いの話に関心をもち、相手の発言を受けて話をつなぐ

| 単元名 | 「ねえ聞いて、わたしのお話」 | 【国語科 話すこと・聞くこと】とのつながり |

幼児期の遊びを通した学び
思いの実現に向けて、考えを伝えたり相手の話を聞いたりしている。
振り返りで、相手に伝わる言い方を考えながら話そうとしている。

目標	(知識及び技能)	身近なことを表す語句の量を増し、話や文章の中で使うとともに、言葉にはまとまりがあることに気付くことができる。
	(思考力，判断力，表現力等)	お互いの話に関心をもって話したり聞いたりすることができる。
	(学びに向かう力，人間性等)	進んで友達の話に関心をもち、これまでの経験を生かして話したり応答したりすることができる。

| 学習計画 | 0(他教科との関連) 学校探検をして学校の様々な「人・もの・こ と」と関わりを深める。 | ①② 学校探検で出会った「人・もの・こと」から紹介したいものを決める。その後、話の構成を確認したり、伝え方を考えたりするなど、『宝物お話会』の準備をしたり練習したりする。 | ③(本時)④ 準備したり練習してきたことを生かして、『宝物お話会』を開いたり、学習を振り返ったりする。(その後、「書くこと」との関連も考えられる。) |

※丸囲み数字は授業時数

【授業展開例】

見通す　前の学習を振り返り、取り組むことへの見通しをもつ。

★学校探検で見付けた人や場所や出来事などの宝物についてお話しするために、これまでに準備を進めてきましたね。(生活科で個々人が好きな場所を探索できる形式の探検を行った後、保健室や給食室など行きたい場所ごとにグループとなり探索できる形式の探検を複数回行った想定。)
●そうそう。みんな探検した場所はバラバラだったから、自分で探検していない場所とか会ったことのない人とかも知りたいってなったんだったよね。
●宝物を紹介するために、前の時間には絵とか写真とかを準備したよね。
●そういえば、どんな順番で何を話すといいのかもみんなで話したね。
●理由作戦とか、クイズ作戦とか使うといいよってなった。
●もう準備もバッチリだから、みんなに早くお話ししたいな。
★では、今日はみんなで学校探検で見付けた人や場所、出来事などの宝物をお話しする『宝物お話会』を開きましょう。

POINT　幼児期の学びを踏まえた指導の工夫
幼児期の連続的な学び方を生かして、生活科の学校探検といった身近なことを話題として、話すことができるように単元を構成する。
そうすることで、児童にとって想起しやすく学ぶ必然性を感じやすい学習となっていく。

『宝物お話会』を開こう！

深める　宝物お話会を開き、自分の見付けた宝物をお話ししたり、友達のお話しを聞いたりする。

★グループごとにお話会を開きましょう。一人のお話が終わったら感想を伝えたり、質問をしたりしましょう。(お話会は、異なる場所を探検した子供同士3～4人のグループで1回目を行い、おじゃましますタイムでメンバーを変更しながら3回程繰り返す。)
●わたしの見付けた宝物は、この絵にかいた保健室の○○先生です。保健室を探検したときに「怪我や病気になったら助けてあげるね」って言ってくれて、大好きになったからです。それに学校の中なのに、お医者さんみたいな先生がいてすごいなって思いました。これでわたしのお話を終わります。
●すごい！誰でも助けてくれるってこと？　わたしも今度会いに行きたいな。
●質問なんだけれど、保健室で怪我とか治してくれるんですか。
●そうなんです。保健室には、絆創膏とか消毒液とか怪我を治してくれるお助けグッズがたくさんありました。　●へえ、そうなんだ！
●ぼくもそのお助けグッズのことを教えてもらったよ。○○先生、優しかったよね。
★グループ全員のお話が終わりましたね。それでは、おじゃましますタイムです。グループの中で一人だけ残って、後の人は違うグループの机に動きましょう。そうして新しいお友達と2回目のお話会を開きましょう。
●ぼくの見付けた宝物は、この写真の美味しそうなものを作る場所です。どこだか分かりますか。
●この写真は給食かな？　●ということは給食室のお話ですか。
●正解は、給食室で作っている給食です。学校にレストランみたいな場所があって、とても驚きました。
●確かに、幼稚園にはなかったもんね。　●給食室のことで、ほかに驚いたことはありましたか？
●お鍋とか混ぜる道具とかとっても大きくて驚きました。　●そんなに、大きいんだね。

POINT　幼児期の学びを踏まえた指導の工夫
幼児期の学び方を生かし、グループごとに身を寄せ合い、円形になるなど、互いの意見が交流できたり表情が見合えたりするような学習の環境を設定する。そうすることで、安心して互いの思いや考えが出し合えるようになる。

振り返る　本時の学習を振り返り、次時への見通しをもつ。

★今日はみなさんが楽しみにしてたお話会でした。どうでしたか。
●みんなこっちを向いて聞いてくれて、質問したり驚いてくれたりして嬉しかった。
★そうですね。友達に伝わると嬉しいですね。それに相手を見て質問したり、感想を伝えたりして、お話がつながっていくと、話す人も聞く人もどっちもとても楽しくなりますね。
●友達のお話を聞いて、学校のことが分かったし、もっともっとお話ししたくなった。
●ぼくは、音楽室の大きなピアノのお話をしたけれど、○○君はそのピアノを弾いてくれた音楽室の先生のお話をしてくれた。同じ音楽室のことで、お話がつながっていって、そのお部屋のことがよく分かったし、お話ししていても聞いていても楽しかった。

POINT　幼児期の学びを踏まえた指導の工夫
一人一人の気付きを認め、受け止めながら、話合いが活性化するための言葉や態度等もクラス全体で共有していくことで、言葉による見方・考え方を養っていく。

幼児期の遊びを通した学び と 国語科 書くこと とのつながり

遊びを通した学び
遠足の体験をかいて…
「動物園楽しかったなあ、象が大きかった」と印象に残った動物や周りの様子をかく中で、動物の名前や表示などを文字で書こうとする。

主体的な学びを引き出す保育者の援助と環境の構成
印象に残ったことを友達や先生と振り返りながら、パスや絵筆などのいろいろな描画材を使って、かくことを楽しめるようにしています。幼児が絵に表そうとしていることを、言葉に置き換えて伝えます。

遊びを通した学び
お店屋さんごっこで…
「お店の看板をつくろうよ」「レストランの『レ』ってどうやって書くの？」絵とともに文字を書いて看板やメニューを作成する。

主体的な学びを引き出す保育者の援助と環境の構成
やりたい店をイメージして、必要なものを再現しながら実現に向かえるように、幼児の前で文字を書いてみせたり、伝えたりしています。また、画用紙やペン等はいつでも使えるように整理して置いておき、つくりたいものに合わせて選んで使えるようにしています。

遊びを通した学び
「同じ字があるね！」友達の名札を見て自分の名前と同じ文字があることに気付き、名札の文字を真似て書こうとする。

遊びを通した学び
私のスマートフォン！
「スマホつくってるの！」スマートフォンを画用紙や空き箱でつくる中で、文字や数字アプリの絵をかくことを楽しむ。

遊びを通した学び
小学校ごっこの中で…
「国語のお勉強、「あいうえお」って書いてみよう！」ノートに見立てた紙に自分や友達の名前を書いたり、知っている文字や数字を書こうとしたりする。

主体的な学びを引き出す保育者の援助と環境の構成
小学校との交流活動後、小学校ごっこが始まることを見通して、ランドセルや筆箱、ノートをつくれるような素材を用意したり、必要なものを幼児と一緒に考えてつくったりして、小学校に期待がもてるようにしています。

遊びを通した学び
宝の地図で探検だ！
「あっちに、宝箱があるよ！」宝の地図をかいて探検ごっこ。発見した宝を地図にかきながら、文字や記号に出合う。

幼児教育を通して育まれた10の姿
- 数量や図形、標識や文字などへの関心・感覚
- 思考力の芽生え

※これらの活動では他にも「社会生活との関わり」「言葉による伝え合い」などの姿も見てとれますが、ここではあえて「書くこと」に深くつながるものだけを抜粋して記載しています。

小学校の各教科等における資質・能力とのつながり
- 言葉には、事物の内容を表す働きや、経験したことを伝える働きがあることに気付く
- 自分の思いや考えが明確になるように、事柄の順序に沿って簡単な構成を考える
- 語と語や文と文との続き方に注意しながら、内容のまとまりが分かるように書き表し方を工夫する

| 単元名 | # 生まれる、わたしの物語 | 【国語科 書くこと】とのつながり |

幼児期の遊びを通した学び
小学校ごっこを楽しむ中で知っている文字などを書いている。
お店屋さんごっこに必要な看板やメニューを絵と文字でかいている。

目標
- (知識及び技能) 身近なことを表す語句の量を増やし、文章の中で使うことができる。
- (思考力，判断力，表現力等) 自分の思いや考えなど表現したいことが明確になるように、事柄の順序に沿って簡単な構成を考えることができる。
- (学びに向かう力，人間性等) 言葉がもつよさを感じるとともに、楽しんで読書し、国語を大切にして、思いや考えを伝え合おうとする。

学習計画

⓪(他教科との関連)	①②③(本時)④	⑤⑥⑦⑧⑨	⑩⑪
図画工作科で複数の材料を使ってオリジナルキャラクターをつくって遊ぶ。	作成した制作物を主人公にしたお話を書くといった学習の見通しをもつ。物語を書くために、既習知識や経験を生かして出来事を考え、「はじめ・中・終わり」のまとまりごとにお話の内容を膨らませる。	出来事の様子が詳しくなるようにお話を書いたり、書いたお話を読み直し、間違いがないか確かめたりする。	書いたお話を友達と読み合って感想を伝え合ったり、学習を振り返ったりする。

※丸囲み数字は授業時数

【授業展開例】

見通す
前時を振り返り、取り組むことへの見通しをもつ。

★作家のみなさん、図画工作の時間に自分で考えてつくったオリジナルキャラクターが主人公になるお話づくりは順調に進んでいますか？
- うん、この前は「はじめ」でどんなことが起こるか考えたから、今日は「中」でどんなことが起こるか考えたいな。
- 友達とキャラクターを動かしながらお話を考えたのだけれど、途中で終わったから、その続きからやりたいな。

POINT　幼児期の学びを踏まえた指導の工夫
幼児期の連続的な学び方を生かして、図画工作で制作したものを様々な場で自由に動かしながら物語を考えることができるようにする。

お話の中でどんな出来事が起こるか考えよう。

★今日、自分が取り組むことを決めましょう。決めたら、黒板に自分のネームプレートを貼って活動を始めましょう。
- ぼくは、この前キャラクターを動かしてお話ができてきたから、まずはどんなことが起こったか、書いてみようかな。
- 「中」で、友達と遊んでいて仲直りできるようにしたんだった。今日は、「終わり」の出来事を考えてみようかな。似たようなお話がないか、調査スペースで絵本を探してみようかな。
- 「はじめ」で森に行くってことは決まったけれど、次はどうしようかな。友達に相談してみよう。

★活動(お話世界)スペース、相談(アドバイス)スペース、執筆(かきかき)スペース、調査(言葉の森、面白さの素)スペースなどに分けて、取り組むことができるようにする。

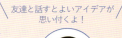
友達と話すとよいアイデアが思い付くよ！

深める
制作物を動かしたり、友達に相談したりして想像を広げ、まとまりごとにお話の出来事を書く。

★(活動スペースでキャラクターを動かしている子に)どんなお話ができそうですか。
- 私のキャラクターは海に来ていて、泳げるようになりたいなって練習しているの。
- そうそう。私は「がんばって」って応援している役をやってるの。
- でね、応援してくれて泳げるようになって二人は仲よくなるの！

★二人で話し合って、すてきなお話ができそうですね。二人も、似たようなことがあったのかな。
- うん、鉄棒で似たようなことがあったの。そのときも友達が応援してくれたんだ。とっても嬉しかったの。

★あなたと同じように、キャラクターもとっても喜んでいるのかもしれませんね。
- そっか。じゃあ、そのことも出来事のカードに書いてみようかな。

POINT　幼児期の学びを踏まえた指導の工夫
子供の学びの特徴として、情報の収集や内容の検討、構成の検討が行きつ戻りつすることが考えられる。そこで、幼児期の学び方を生かし、学習内容や学習進度を自己選択・自己決定できるようにする。その際、友達と自由に相談できたり、具体的に操作できたりするコーナーを設置する。

振り返る
本時の学習を振り返り、次時への見通しをもつ。

★今日はどこまで進みましたか。最後に困りごとがあったらみんなで確認しましょう。そして、次やることを考えましょう。
- 動かしていくと出来事がたくさん生まれちゃって、頭がゴチャゴチャになっちゃいました。
- そうしたら次は出来事を書いたカードを順番に並べてからキャラクターを動かして確認したらいいんじゃない。
- 私も「終わり」までカードに書けたから、順番通りキャラクターを動かしてみて、出来事を付け足して、もっと面白くしてみたいです。

困りごとを相談したいな

幼児期の遊びを通した学び と 国語科 読むこと とのつながり

※幼児期の遊びを通した学びのページは、一つにまとめております。

遊びを通した学び
読み聞かせの場面で…
「先生、もう一回読んで！」
絵本や紙芝居の読み聞かせの経験から、言葉の響きやリズムの面白さを感じ、自ら言葉に出して読むことを楽しんでいる。

主体的な学びを引き出す保育者の援助と環境の構成
幼児の実態や興味・関心に応じた絵本を読み聞かせたり、絵本コーナーに用意したりして絵本に触れることを楽しめるようにしています。

遊びを通した学び
登園時の様子…
登園後、保育室の表示を見たり読んだりして、**「今日は、みんなでドッジボールだ。やったあ！」** と学級での活動を楽しんでいる。

主体的な学びを引き出す保育者の援助と環境の構成
一日の予定を確認したり見通しをもったりできるよう、一日の予定を絵表示と文字で掲示しています。絵の横に文字で示すことで、文字の役割に気付いていきます。

遊びを通した学び
タブレットを見ながら…
「先生、ここになんて書いてある？」
知りたい気持ちから、読めない文字を先生に尋ねている。

遊びを通した学び
ダンゴムシを飼い始めて…
「ダンゴムシは何を食べるのかな？」 と興味をもって図鑑を見たり、知っている文字を声に出して読んだりしている。

主体的な学びを引き出す保育者の援助と環境の構成
知りたい気持ちに寄り添い、図鑑で一緒に調べたり、書かれていることを読んだりします。幼児のすぐ隣で保育者が声に出して文字を読むことで文字と音声が合い、文字への興味・関心が広がっていきます。

遊びを通した学び
手紙のやり取りで…
「先生、お手紙あげる！」 と先生に渡した手紙を読んでもらったり、自分で読んだりしながら、手紙に込めた思いを伝えている。

遊びを通した学び
何を書いているのかな…
「なんて書いているの？」 一緒に遊んでいる友達の書いている文字に興味をもち、読んだり聞いたりしている。

幼児教育を通して育まれた10の姿

- 数量や図形、標識や文字などへの関心・感覚
- 言葉による伝え合い

※これらの活動では他にも「自然との関わり・生命尊重」「豊かな感性と表現」などの姿も見てとれますが、ここではあえて「読むこと」に深くつながるものだけを抜粋して記載しています。

小学校の各教科等における資質・能力とのつながり

- 語のまとまりや言葉の響きなどに気を付けて音読する
- 時間的な順序や事柄の順序などを考えながら、内容の大体を捉える
- 場面の様子や登場人物の行動など、内容の大体を捉える

| 単元名 | 広げる！楽しむ！お話世界 【国語科 読むこと】とのつながり① |

| 幼児期の遊びを通した学び | 絵本などの読み聞かせを通して、言葉の響きや面白さを感じている。自分や相手の書いた文字に興味をもち、読んだり聞いたりしている。 |

目標	(知識及び技能) 語のまとまりや言葉の響きなどに気を付けて音読することができる。
	(思考力、判断力、表現力等) 場面の様子や登場人物の行動など、内容の大体を捉えることができる。
	(学びに向かう力、人間性等) 言葉がもつよさを感じるとともに、楽しんで読書し、国語を大切にして、思いや考えを伝え合おうとする。

| 学習計画 |
| ① 教師の範読を聞いて内容の大体を捉え、学習計画を考える。 |
| ②③ 目的とする活動を行うために、登場人物の確認や、会話文の話者を特定するなど準備する。 |
| ④⑤⑥(本時)⑦ 劇遊びをより楽しむために全体で話し合ったり、個別に工夫を考えたり、音読練習をしたりして場面の様子や登場人物の行動を豊かに想像する。 |
| ⑧ 最後に劇遊びを行ったり、学習を振り返ったりする。 |
※丸囲み数字は授業時数

【授業展開例】

見通す
前時を振り返り、取り組むことへの見通しをもつ。

★教師：「おおきなかぶ」の劇遊びに取り組んできましたね。みんなが目標にしていた「本物のおおきなかぶの世界」みたいになってきましたか。
- 言葉をよく見たら、おじいさんの動きが言葉とそっくりになってきたよ。
- 最初は、スラスラ読めなかったけれど、繰り返し練習するうちにどんどん上手に読めるようになってきた！
- でも、まだかぶを抜く人を呼びにいくときの台詞や言い方を工夫したいな。

★教師：では、今日もみんなで劇遊びした後に、一人ずつ取り組みたいことを決めて、もっと「本物のおおきなかぶの世界」に近付くように取り組んでいきましょう。

工夫を考えて、取り組もう！

- 私は、おじいさんがどんな表情をしているか考えてみたいな。
- ぼくは、「うんとこしょ…」の台詞を友達と練習して力いっぱい読めるようにしたいな。

POINT 幼児期の学びを踏まえた指導の工夫
教師の指導性と子供たちの思いや願いが重なるように、活動や環境の中に授業のねらいを埋め込んでいくようにする。劇遊びという活動を行うことで、子供たちは登場人物の具体的な行動や会話(話者の特定)、場面の様子に自然と着目していき、物語の登場人物や主な出来事、結末などを捉えることができる。それは、本単元で育みたい資質・能力と直結する。

深める①
演じる役とお客さん役に分かれて劇遊びを行い、工夫したいことを話し合う(全体)。

★教師：(劇遊びに取り組んだ後)見ていたお客のみなさん、演じていた劇遊びはどうでしたか。また、もっと工夫してみたいポイントはありましたか。
- この前みんなで考えたことを生かして、おじいさん役の○○くんが「あまいあまい…」の読み方を工夫していておじいさんそっくりでした。
- かぶができたとき、もっとおじいさんが喜んだ方がいいと思う。
- 前、○○さんがかぶの種は小さいってことを発見してくれたでしょ。だから、「あまいあまい…」の台詞のとき、小さな声でもっと優しく言ってあげたらいいと思う。

POINT 幼児期の学びを踏まえた指導の工夫
幼児期の学びを生かして、身体を動かしながら実感を伴って言葉を理解したり、想像を広げたりできるようにする。

みんなで力を合わせるぞ！

深める②
思いや願いを実現するために、自分で取り組みたいことを決めて取り組む(個別)。

★教師：それでは、一人学びの時間です。「本物のおおきなかぶの世界」に近付けるために、どんなことに取り組みますか。自分が選んだ活動場所に行って取り組みましょう。(4時間で4つの活動を用意し、どの活動から取り組むか選べるなど学習順序のみ自己選択の機会を設けることもできる。)

- もっと、おじいさんになりきれるように、台詞を音読練習したいです。
- 劇遊びを録画したものを見て、工夫するポイントを探したいです。
- かぶが抜けた後の続きのお話を絵と言葉でかいてみたいです。
- もっと台詞を増やしたいし、劇グッズをつくりたい。
- 劇練習をしたいのだけど、音読チームと一緒にやってみると、本番みたいにできるかも。誘ってみようかな。
- すてきな続きのお話ができたから、みんなに紹介して劇遊びでもやってみたいな。

納得いくまでとことんやりたい！

振り返る
本時の学習を振り返り、次時への見通しをもつ。

★今日も工夫を考えて、取り組めましたか。みんなにお知らせしたいことがある人はいますか。
- 私は、今日、孫を呼んでくるときのおばあさんと孫の台詞を考えたので、次の劇遊びのときに使ってほしいです。
- ぼくは今日、最後の「うんとこしょ…」って台詞のときのおじいさんの表情を考えてみたのだけれど、それを次の劇遊びの前にみんなに見てほしいです。

| 単元名 | ○○クイズをつくろう | 【国語科 読むこと】とのつながり② |

幼児期の遊びを通した学び

ダンゴムシに興味をもち、虫の図鑑を見たり読んだりしている。
一日の予定表を見て順序立てて書かれた文字を読み、予定を確認している。

目標	（知識及び技能）文の中の主語と述語の関係に気付くことができる。 （思考力，判断力，表現力等）事柄の順序を考えながら、内容の大体を捉えることができる。 （学びに向かう力，人間性等）言葉がもつよさを感じるとともに、楽しんで読書し、国語を大切にして、思いや考えを伝え合おうとする。
学習計画	①（本時）教師の範読を聞いて内容の大体を捉え、学習計画を考える。 ／ ②③④⑤⑥ 本文のそれぞれの内容について、「問いと答え」を中心に捉え、クイズにまとめる。 ／ ⑦⑧⑨「問いと答え」の文章の形式を生かして、他の本で調べたり他教科・領域での学習を生かしたりして○○クイズをつくる。 ／ ⑩ 完成したクイズをお互い出し合った後、学習を振り返る。 ※丸囲み数字は授業時数

【授業展開例】

見通す　本時で取り組むことへの見通しをもつ。

●教師

- ●この前まで、お話を読んで劇遊びをしたよね。
- ●そうそう。次の教科書に載っているのはどんな物語かなあ。
- ●楽しみだね。また劇遊びしたいな。

★それでは、新しく学習する「くちばし」を読んでみるね。
（例示は、問いと答えの文と簡単な説明が載り、問いと答えの応答関係を学ぶのに適した教材である。それぞれのくちばしだけの挿絵を黒板に掲示して、クイズのように読み始める。答えの文を読むとき、挿絵に対応させて写真も貼っていく。）

- ●あれ、何だかおかしいなあ。
- ●今までは絵だったけれど、鳥の写真が載っている。

●児童

POINT　幼児期の学びを踏まえた指導の工夫
幼児期に様々な絵本や図鑑を読み聞かせしてもらった経験を生かし、教材の提示方法を工夫する。今回は単元の目標と教材の特徴、単元の主たる活動が合致するように、クイズのようにしながら、読み聞かせをしている。

深める　これまで学習した文章との違いを考え、特徴を捉える。

★あれ、みなさん何だか「あれっ」て顔をしている人が多いね。どうしたのですか。
- ●だって、今までの物語と違うよ。　●そうそう。全然違う。

★え、そう？　でも、前の物語でも森の動物たちが登場しましたよね。今回の鳥たちも一緒じゃないの。
- ●全然違うよ。前の物語の動物たちはお話の世界だから。
- ●お話っぽくないんだよ。これは、本当にあったことだから。
- ●見てごらん、絵じゃなくて、写真でしょ。今までは絵だったのに。だから本当の世界のことなんだよ。
- ●観察って感じなんだよな。観察ってよく見て説明することなんだけど。
- ●きっとこれは図鑑なんだ。図鑑も写真があるし、説明もあるでしょ。
- ●クイズ図鑑とかクイズの本にも似ていると思う。

★そうか。今まで学習してきた物語とは違うんですね。実は、みんなが気付いたように、今回の「くちばし」のように何かを説明した文章を説明文と言います。
- ●そうなんだ。だから今までの物語と違うぞって思ったんだ。
- ●じゃあ、劇遊びじゃなくて、違うことがしてみたいね。

★確かに、物語ではないから、また違った面白い学習ができそうですね。

何かへん!?
○○さんはどう思う？

POINT　幼児期の学びを踏まえた指導の工夫
幼児期に様々な絵本や図鑑を読んだり、読み聞かせしてもらったりした経験を生かして、文種の違いを考えられるようにする。

取り組みたいことを考えよう！

広げる　この単元で取り組みたいことを考えたり、意見を出し合ったりして決める。

★それではみなさんは、どのようなことに取り組んでみたいですか。
- ●見たことも聞いたこともない鳥が出てきて面白かったから、いろいろな鳥について調べたいな。
- ●みんなが図鑑って言ってたから、自分でも鳥のくちばし図鑑をつくってみたいな。できたら誰かに見てもらいたい！
- ●クイズっぽくて、考えるのが面白かったから、真似して他のクイズもつくってみたい！　学校クイズとかも面白そうだよ。
- ●クイズだと、これまでも自分で考えたことがあるからできそうだね。
- ●教科書に載っている鳥以外のクイズもつくってみたい。
- ●クイズを集めたら図鑑風になっていいかもね。

★では、次から意見の多かったクイズづくりをしていきますか。
- ●やってみたい！　●楽しみだな。たくさんつくるぞ！
- ●最初は教科書を見ながら真似していくといいと思う。

★これからの学習もとっても楽しみですね。では次は、教科書を見て○○のクイズをつくっていきましょう。

POINT　幼児期の学びを踏まえた指導の工夫
幼児期の学び方を生かして、子供たちの「やってみたい！」という思いや願いを可能な限り、学習に生かしていくようにする。

どれも楽しそうで迷っちゃう！

算数科

担当者からのメッセージ

お話 ▶ 神戸市教育委員会事務局学校教育課
朝岡 悦子先生 / 兵庫県加古郡播磨町立蓮池小学校
松井 恵子先生

算数科の特徴

　算数科は、実社会との関わりを意識し、「数学的な見方・考え方」を働かせながら資質・能力を育む教科です。

　幼児は、遊びや生活の中で、数学的な見方・考え方に触れています。数学的な見方・考え方に触れると言っても、難しく考えることはありません。幼児の遊びや生活の中でよく見られる「全部でいくつある？」「誰のが多い？」「1箱に5個ずつ入れよう」といったやり取りは「数と計算」につながる視点です。「坂道でボールが転がる」「三角の積み木の上には積めない」といった体験を通して、「図形」の特徴を体得していきます。

　幼児期に遊びの中で具体物を操作しながら多様な体験を積み重ねていくことが、小学校以降の数量や図形などについての基礎的・基本的な概念形成や性質などの理解の大きな支えとなります。そして、幼児期の一つ一つの体験が関連性をもち生かされていくことで、小学校での各教科等の確かな理解につながっていきます。

幼児期の遊びを通した学び

　心を動かしながら身の回りのものに関わり、必要感をもって数えたり量を比べたり、様々な形に組み合わせたりして遊ぶことを通して多様な体験を積み重ねる中で、数や量、形などの感覚を身に付け、自らの遊びや生活に活用していきます。

　具体的には…

- 収穫した野菜の大きさや集めた木の実の量などに驚き、思わず数を数えたり、大きさを比べたり、友達と同じ数ずつ分け合ったりしている

- 積み木や空き箱、木の枝など、それぞれの形の特徴を捉えながら見立てたり組み合わせたりして、イメージに合わせて形をつくっている

- 時計や携帯電話などの身近な道具に憧れをもち、つくったり遊びに活用したりしながら、生活に必要な時刻や時間に対する感覚をもったり、数字などに親しんだりしている

算数科

Contents

「幼児期の遊びを通した学び」と「算数科」とのつながり

数と計算とのつながり ……………………………………………… 36

[単元名] **おおきいかず**

図形とのつながり ………………………………………………… 38

[単元名] **長方形と正方形**

測定（身の回りのものの大きさ）とのつながり …………… 40

[単元名] **くらべかた**

測定（時刻）とのつながり ……………………………………… 42

[単元名] **なんじ なんじはん**

データの活用とのつながり ……………………………………… 44

[単元名] **かずをしらべよう**

幼児期の遊びを通した学び と 算数科 数と計算 とのつながり

遊びを通した学び
友達と一緒にダンス…
「**もっとたくさんの友達と一緒にしたいな**」「**3人と3人で6人**」と、グループをつくる遊びを楽しみながら、人数が倍や半分になるという感覚を身に付けている。

主体的な学びを引き出す保育者の援助と環境の構成
大好きな友達と手をつないでグループをつくる遊びでは、友達と関わりたい気持ちを大切に育みます。何人グループになっているか、何人ならちょうどぴったりになるのかということを考える中で、数の感覚も身に付けていきます。

遊びを通した学び
リレーどっちが勝つかな…
「1番は3点、2番は2点、3番は1点」「**1回戦は3位だけど、2回戦で1位になれたら勝てるよ**」と得点板を使いながら点数を入れていくことで、同点になったり、逆転できたりすることに気付いている。

主体的な学びを引き出す保育者の援助と環境の構成
得点板を用意することで、得点が増えていくのが見て分かりやすく、勝敗を楽しみながら遊びを進めることができます。得点を競い合うことで、もっとがんばって走ろう、勝つための作戦を考えようという意欲にもつながっています。

遊びを通した学び
竹馬に乗れたよ…
「**乗れた！乗れた！**」「**がんばれ！ 1、2、3、4…**」と乗れたことを友達と喜び合う。さらに何歩行けるようになりたいと、目標をもったり意欲が高まったりしている。

遊びを通した学び
ジャガイモの収穫…
「**みんなで分けよう**」「**何個あるのかな**」「**10個ずつ数えてみよう**」と たくさんあるジャガイモを10個単位にして数える方法に気付いた。

主体的な学びを引き出す保育者の援助と環境の構成
友達と等分するという必要感をもって、数量に関して身に付けた感覚を用いて、自分たちで相談しながら進めている様子を見守ります。みんなで考えてまとまりで数えることのよさに気付いたことを価値付けます。

遊びを通した学び
花がいっぱい落ちている…
「**いっぱい集めて遊ぼう**」「**バケツだとすぐにいっぱいになる**」と多いということが感覚的に分かり、「**トラックならいっぱい運べる**」と身近にあるものを使い、工夫して遊んでいる。

遊びを通した学び
ソラマメを分けよう…
「**みんな一つ取って**」「**二つ目…**」と均等に分けるために、声に合わせてそれぞれ一つずつ取っていく方法を考えて実行している。

幼児教育を通して育まれた10の姿

● 数量や図形、標識や文字などへの関心・感覚　　● 思考力の芽生え

※これらの活動では他にも「自然との関わり・生命尊重」「健康な心と体」「自立心」「協同性」「豊かな感性と表現」などの姿も見てとれますが、ここではあえて「数と計算」に深くつながるものだけを抜粋して記載しています。

小学校の各教科等における資質・能力とのつながり

● 数のまとまりに着目し、数の大きさの比べ方や数え方を考える力

● よりよく数えたり比べたりする活動の中で、数のまとまりに着目し、10のまとまりをつくることや10といくつと見ることなど、十進位取り記数法の素地となる力

| 単元名 | おおきいかず | 【算数科 数と計算】とのつながり |

幼児期の遊びを通した学び
たくさん拾ったどんぐりを並べて大きな数を実感している。
「20より多いかも」と量感をもちつつ、10ずつ分けて、数えようとしている。

目標	(知識及び技能)	10のまとまりをつくって数える活動などを通して、十を単位として数の大きさを見ることができる。
	(思考力，判断力，表現力等)	数のまとまりに着目し、数の大きさの数え方や比べ方を考える。
	(学びに向かう力，人間性等)	具体物をまとめて数えたり、等分したりして整理し表そうと試行錯誤する。友達の意見を聞き、新たな疑問をもつ。

| 学習計画 | ①(本時) 十を単位とした数の見方を養う。 | ②③④ 2位数の表し方について知り、数を単位のいくつ分と捉えたり図や具体物で表すことで数の大きさについての感覚を養う。 | ⑤⑥⑦ 100について知り、2位数の数の構成についての感覚を豊かにする。 | ⑧⑨ 100を超える数で120程度までの簡単な3位数について理解を広げる。 |

※丸囲み数字は授業時数

【授業展開例】

経験を想起
身の回りにあるものの個数に着目し、幼児期の学びを振り返りながら個数の数え方に関心をもつ。

★生活科で育てたアサガオのタネを、新入生にプレゼントしたいけど自分の袋の中のアサガオのタネは、いくつあるのかな？
- 袋の中に入っていては、数えられないな。
- 10より多いと思う。

★園の生活の中などで、10より多い数を数えたことがありますか？ うまくいった？ 難しかったことは、なかったかな？
- どんぐりをいっぱい拾ってきて並べたことがあるよ。
- 10ぐらいならすぐ数えられたけど、多いと大変だった。

★そうなんだ、多いと難しいよね。先生も多いと数え間違えることがあるよ。でも、10なら間違えずに数えられたのね。

POINT 幼児期の学びを踏まえた指導の工夫
幼児期における数を数えた経験の中で、できたことと難しかったことの両方を想起させる。難しかったことに大いに教師が共感し、問題意識につなげることで、算数科としての新しい見方の発見をより際立たせる。

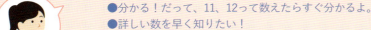

タネは いくつ あるかな？

問いを焦点化
どのように数えると「確実に」数えられるか、考える。

★袋の中のタネは10より多いかな？ 何個か分からないね。
- 分かる！だって、11、12って数えたらすぐ分かるよ。
- 詳しい数を早く知りたい！
- 間違えることを少なく、確実に数えたい。
- 10ずつまとめていくと、分かりやすい。

自分の袋のタネを確実に数えたい！

POINT 幼児期の学びを踏まえた指導の工夫
「数えられそうなの？」と教師は常に問いかける話し方で、幼児期の学び方を生かした方法を子供が選択できるようにする。常に子供と合意形成を図る声掛けで、子供の主体性を引き出していく。

やってみる
各々の数え方で、タネの個数を調べる。

★確実に数えられる方法を、みんなで見付けようね。どうやって数えたのか分かるように、先生がみんなの様子をタブレットの動画で撮っておきますね。
それと、机の上のタネは、「こうやって数えたよ」と後でお話しできるように、袋の中に戻さないでね。
- ぼくは、1、2、3、4…11、12と並べながら、続けて数えたよ。
- 10のまとまりが、3つありました。

試行を吟味
数え方を話し合う。よい点と課題について、全体共有する。

★みんなよく数えられましたね。自分のやり方でよかったなと思うことと、ちょっと難しかったと感じたことと両方を教えてくれる？
悩んだことは、大発見につながるんだ。悩みも教えてほしいな。
- 1、2、3…と数えていると本当にその数なのか、確かめられなくて困る。
- 10のまとまりをつくっておくと、後で見ても分かりやすいね。

POINT 幼児期の学びを踏まえた指導の工夫
数えている様子を動画で見せるなど、10のまとまりをつくっている場面と1、2、3…と数えている場面を比較させながら、常に一人一人の気付きを拾い上げ、数学的な見方・考え方を養っていく。

発見する
10でまとめるよさについて共有する。

★まっすぐに並べた写真と、10のまとまりにして数えていた写真を黒板に貼り(もしくは、大型モニターに映す)ましたが、どうですか？ どちらが、30個あるってすぐ分かりますか？
- 10ずつの方が写真では分かりやすい。
- 写真がなくても、数字で表せるはず。

★困ったこともあったようですね。写真を見せなくても、数が分かるようにしたいね。

37

幼児期の遊びを通した学び と 算数科 図形 とのつながり

遊びを通した学び
そうめん流しをつくりたいけど…「**全然斜めにならないよ**」「**タイヤを増やしていったら斜めになるよ**」と同じ高さのものを個数を変えて積んで並べると、傾斜ができることに気付いている。

主体的な学びを引き出す保育者の援助と環境の構成
積んだり並べたりすることができるよう、同じ形や大きさの様々な遊具や用具（タイヤ、バケツなど）を準備しておきます。幼児が自由に選んで試す過程を見守りながら幼児の考えを捉え、発見や気付きに共感します。

遊びを通した学び
ぼくの帽子がほしい…「**どうすれば頭の大きさとぴったりの穴が開くかな**」と試行錯誤しながら、形に合わせて線をかき、切る方法に気付いている。

主体的な学びを引き出す保育者の援助と環境の構成
遊びの中で思うように進まないことに、友達と一緒に試行錯誤しながら向かっていく姿を大切に見守ります。思い付いた方法を言葉に表しながら試し、うまくいったりいかなかったりする過程で気付いていることを読み取り、保育者の援助や環境の構成に生かします。

遊びを通した学び
お片付け…「**きれいにぴったりに並べたい！**」と平らに積めるように形を予想しながら積み木を重ねている。

遊びを通した学び
竹馬を並べたら…「**ロケットみたいになった**」「**みんなで宇宙に出発だ！**」とつないだり並べたりするといろいろな形になることが分かり、イメージを膨らませている。

主体的な学びを引き出す保育者の援助と環境の構成
自分たちで考えたことが実現できるように見守ったり「面白いこと考えたね」と声を掛けたりすることで、遊びをつくりだす楽しさを感じている。

遊びを通した学び
お城をつくろう…「**三角は屋根になるよ**」「**ここは門にしよう**」と形の特徴を生かしながら遊んでいる。

遊びを通した学び
クリスマス飾りをつくろう…「**四角をチョキチョキ切ると三角がいっぱいできた**」「**つないだらツリーになった**」と画用紙などを使って四角や三角の形に親しんでいる。

幼児教育を通して育まれた10の姿

- 数量や図形、標識や文字などへの関心・感覚
- 思考力の芽生え

※これらの活動では他にも「健康な心と体」「協同性」「言葉による伝え合い」「豊かな感性と表現」などの姿も見てとれますが、ここではあえて「図形」に深くつながるものだけを抜粋して記載しています。

小学校の各教科等における資質・能力とのつながり

- 身の回りにあるものの形に着目し、図形の特徴や機能を捉えたり、構成や分解をしたりして表現する力

| 単元名 | 長方形と正方形 | 【算数科 図形】とのつながり |

幼児期の遊びを通した学び
画用紙をぴったり折って等長を感じ、切って三角を見いだしている。
積み木をまっすぐ並べて、2直角で直線をつくっている。

目標	(知識及び技能) 三角形、四角形、正方形、長方形、直角三角形について知る。
	(思考力、判断力、表現力等) 図形を構成する要素に着目し構成の仕方を考えるとともに身の回りのものの形を図形として捉えることができる。
	(学びに向かう力、人間性等) 正方形や長方形、直角三角形を生活の中に見いだし、生活に利用しようとすることができる。

学習計画	①(本時) 三角形と四角形を仲間分けし、三角形と四角形の特徴を捉える。	②③ 直角を知り、長方形・正方形について知るとともに、性質について調べる。	④⑤ 直角三角形をつくり、直角三角形を知り、性質を調べる。習った図形の作図をし、性質への理解を深める。	⑥ 身の回りから長方形、正方形を見付けたり、色紙を切って敷き詰めたりして、直角を2つ並べると直線になることを実感的に理解する。

※丸囲み数字は授業時数

【授業展開例】

経験を想起 様々な形のパズルで新しい形をつくることで、図形の構成に関心をもつ。

★教師
- ★園の中で、積み木で遊んだことはあるかな。どんなことをして遊んでいたかな？
  - ●お家をつくったよ。三角と四角の積み木でつくったよ。
- ★今日はこのようないろいろな形のパズル（正方形、長方形、平行四辺形、台形、四角形と正三角形、二等辺三角形、直角三角形）を組み合わせて新しい形をつくりたいと思うんだけど、できそう？
  - ●積み木のときと同じように、三角が屋根で四角とぴったり合わせて家の形になるよ。
  - ●三角2つで四角になるよ。幼稚園の時、三角の積み木を2つ合わせて四角にしたよ。
  - ●え？ 三角2つで四角になるの？ 本当かな。

友達の形づくりを自分でもできるかどうか試してみたい！ ●児童

POINT 幼児期の学びを踏まえた指導の工夫
幼児期の見立て遊びを想起させ、様々なものを三角と四角でつくる。生活の中で形を見付ける視点づくりにつなげていく。

問いを焦点化 三角と四角の分類の仕方について話し合い、図形の特徴を見いだす。

- ★2つの袋に片付けます。同じ仲間で分けたいんだけど、どのように分けたらいいかな？
  - ●三角みたいな形と四角みたいな形に分けたらいいと思う。

三角や四角は　どんなかたち　かな。

- ★どう？ 三角と四角の2つの仲間に分けられそう？
  - ●分けられる！ だって、とんがっているところが3つと4つで、分けられる。
  - ●三角は周りが3本、四角は4本だよ。

●児童

POINT 幼児期の学びを踏まえた指導の工夫
幼児期に積極的に関わりを楽しむ中で子供はものの性質に気付いている。その直感を大事にし、根拠を言語化させることで、構成要素への着眼点を顕在化させる。

やってみる 分類した後、図形としての三角形、四角形の定義と直線、辺という用語を知る。

- ★周りが3本と周りが4本で分けてみよう。
  - ●線が斜めでも（平行四辺形）周りが4本だから、4本の仲間でいいんだね。
- ★3本の直線で囲まれた形を三角形、4本の直線で囲まれた形を四角形と言います。角の数はいくつでしょう。
  - ●直線と同じ数。
- ★三角形、四角形の直線のところを「辺」、角の点を「頂点」と言います。

●児童

★教師

試行を吟味 曲がった辺の三角形や角にすき間のある四角形も含まれた数種類の図形から、三角形と四角形を見付け、その根拠を構成要素を使って説明し、三角形と四角形の相違点を見付ける。

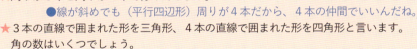

- ★では、次に、これらも三角形と四角形に分けられますか？
  - ●あれ、ここが直線ではないから、三角形ではないよ。
- ★「ここ」というのは、「辺」のことですね。辺という言葉を使って説明してみよう。
  - ●これは、辺が3本だけれども、直線ではないので、三角形ではないです。
  - ●これは、すき間があいていて、頂点になっていないので、四角形ではないです。
- ★では、三角形と四角形はどれかな。
  - ●これは三角形です。辺が3本の直線で、頂点も3つだから、三角形です。
- ★辺と頂点の数を見れば、すぐに三角形と四角形が見付かるんだね。

POINT 幼児期の学びを踏まえた指導の工夫
言葉による伝え合いの経験に立ち、算数科で学習する用語の「辺」「頂点」という言葉を使って話すことで、数学的な見方・考え方を伸長させる。

発見する 身の回りから三角形や四角形を見付けようとする中で、次時に扱う直角への関心を引き出す。

- ★みんなの周りを見てごらん。三角形や四角形はありますか？
  - ●教科書は四角形！ なぜかと言うと、頂点が4つだから。
- ★敷き詰められているタイルとずれているタイルマットの写真です。比べてみて、感じたことはありますか？
  - ●ずれているところが気になる。この辺とこの辺をぴったりつけると、まっすぐになるよ。
- ★どうしてまっすぐ並ぶと分かるの？ 辺の長さや角の形について明日は調べていこう。

まっすぐ並べたい！

幼児期の遊びを通した学び と 算数科 測定（身の回りのものの大きさ） とのつながり

遊びを通した学び
ジュース屋さんですよ…
「**こぼれちゃった**」「**いっぱい入れたい**」「**ぴったり入った**」と、大きい容器にぴったりの水を入れようといろいろな容器を使って試している。水をこぼさず、たくさんの量を一度に注げる方法に気付いている。

主体的な学びを引き出す保育者の援助と環境の構成
水を汲んで入れ替えることを繰り返し楽しむ姿に、満足いくまで自分のペースでやってみる時間と場を確保して寄り添います。一人一人の「成功した」という喜びを、保育者も一緒に味わいます。

遊びを通した学び
ヒマワリが咲いたよ…
「**どっちが大きいかな**」「**背比べしてみよう**」と自分と比べてみることでヒマワリの大きさを実感し、ヒマワリの成長を友達と一緒に喜んでいる。

主体的な学びを引き出す保育者の援助と環境の構成
幼児が実際に自分の目で見たり、手で触れたりする体験を大切にしています。自分と大きさを比べることで、育ててきたヒマワリの大きさを実感しています。その嬉しさや喜びに共感することが、幼児の次の遊びへの意欲になっています。

遊びを通した学び
こいのぼりと一緒にお休み…
「**こいのぼりって大きいね**」「**何人一緒に寝られるかな**」と遊びながら長さや広さを感じている。

遊びを通した学び
セミを捕まえたい…
「**届かないから、もっと長い網がいる**」「**タイヤに乗ったらどうだろう**」と何とかしてセミを捕ろうと、いろいろなものを使って、高く、長くすることを考えている。

主体的な学びを引き出す保育者の援助と環境の構成
やりたいことに向かって、身の回りにあるものを使って工夫できるように、安全に手に取れるものや大きさや長さの違うものを日頃から用意し、用途に応じて幼児が選んで使えるようにしています。

遊びを通した学び
お芋のつるで冠をつくろう…
「**私がつくってあげるね**」「**じっとしていてね**」とぴったりの長さにしようと友達の頭につるを当てて測っている。

遊びを通した学び
ジャガイモを運ぼう‥
「**たくさん取れたね**」「**重たいから一緒に運ぼう**」「**みんなで持てば軽くなったよ**」と重さを感じたり、友達と力を合わせて持つと軽く感じたりすることに気付いている。

幼児教育を通して育まれた10の姿

- 数量や図形、標識や文字などへの関心・感覚
- 思考力の芽生え

※これらの活動では他にも「自然との関わり・生命尊重」「健康な心と体」「協同性」などの姿も見てとれますが、ここではあえて「測定（身の回りのものの大きさ）」に深くつながるものだけを抜粋して記載しています。

小学校の各教科等における資質・能力とのつながり

- 身の回りにあるものの特徴を量に着目して捉え、量の大きさの比べ方を考える力
- 直接あるいは間接的に大きさを比べる活動を行い、大きさの比べ方を見いだしたり大きさを表現したりする力

| 単元名 | くらべかた | 【算数科 測定（身の回りのものの大きさ）】とのつながり |

幼児期の遊びを通した学び
ヒマワリの高さと自分の背を比べたり、イモのつるを頭の周りにまいたりして、長さを体感する。
小さな容器で水を汲んで大きな容器に入れたり、こいのぼりと自分の幅を比べたりして、量を体感する。

目標
- （知識及び技能）長さ、広さ、かさなどの量を具体的な操作によって直接比べたり、あるものの大きさを単位としてそのいくつ分で表現したりできる。
- （思考力、判断力、表現力等）身の回りにあるものの特徴に着目し、比べ方を見いだすことができる。
- （学びに向かう力、人間性等）具体的操作をしながら量に関わりをもつとともに算数科に関心をもつ活動を通して、日常場面と算数科の学習をつなげる。

学習計画
①（本時）長さの意味、比べ方（直接比較）を理解する。 → ②③④ 長さの比べ方（間接比較）、任意単位による測定を理解する。 → ⑤⑥⑦ かさの意味、比べ方（直接比較、間接比較）、かさの任意単位による測定を理解する。 → ⑧⑨ 広さの意味、比べ方（直接比較）、任意単位による測定について理解する。
※丸囲み数字は授業時数

【授業展開例】

経験を想起
身の回りにあるものの長さに着目し、幼児期の学びを振り返りながら長さの比べ方に関心をもつ。

★教師

- ★サツマイモのつるでリースをつくってお家の人にプレゼントしよう。自分のリースもつくりたいね。このつると同じ長さでつくりたいね。
  - ●これとこれは同じ長さかな。
  - ●曲がっているから長さが分からないよ。
- ★園などでは、どのように長さを比べたことがありますか？
  - ●長さ比べをしたことがあるよ。
  - ●縄跳びは友達に端を持ってもらったよ。
  - ●背中を合わせて背比べをしたことあるよ。
- ★どうして端を持ってもらうとつるの長さが比べられるの？

●児童

POINT 幼児期の学びを踏まえた指導の工夫
幼児期における長さを直接比較（ヒマワリとの背比べ等）するときの経験を出し合いながら、比べ方を考えられるようにする。

ながさの くらべかたを かんがえよう。

問いを焦点化
同じ長さを見付けるには、どうしたらよいのか考え、話し合う。

- ★端を持ったら比べられるの？ 先生やってみるね。（2本のつるの端をそろえずに、たわませる。）
  - ●違うよ！ 端を持ったら、2つの端をそろえないと分からないよ。
  - ●もっとぴんと伸ばさないと、同じなのか長いのか分からない。だって、背を比べるときも、一人が腰を曲げていたら比べられないでしょ。

違うよ！こうやるんだよ！やらせて！
●児童

POINT 幼児期の学びを踏まえた指導の工夫
幼児期の学びを生かして子供たちが長さを比べる対象や方法を自ら選択したり、試行錯誤したりできるような学習環境を設定する。

やってみる
実際に、同じ長さを見付ける。

★教師

- ★長さを比べるときはどうしたらいいの？
  - ●ぐにゃぐにゃでは分からないので、まっすぐにします。
  - ●途中を持たずに端を持って、端をそろえます。
  - ●そろえたら、ぴったり同じだと同じ長さ。さきっぽがばらばらだと長さが違う。
- ★端をそろえたり、まっすぐにすると長さが比べられるのですね。やってみましょう。
  - ●2本、3本、4本、全部端をそろえて、まっすぐにして並べると同じ長さなのか、違うのか、分かるね。わ！ これが一番長い！

ペアやグループで比べっこ！
●児童

試行を吟味
さらに別のものの長さを比べ、気付いたことをもとに、新たな疑問をもつ。

- ★プレゼント用の包装紙と箱を選びますが、縦も横も同じ長さのものがいいね。どれがいいかな。
- ★まずは、包装紙を調べよう。縦と横が同じものはどれかな。
  - ●これは絶対違う。これが同じ長さだと思う。
  - ●折り曲げて重ねると同じ長さなのかどうか分かるよ。
- ★縦も横も同じ長さの箱を選ぼう。どれかな。あれ、縦と横は折り曲げて重ねられないよ。
  - ●指や腕でどこまでか数えたら？
  - ●え？ どういうこと？

POINT 幼児期の学びを踏まえた指導の工夫
一人一人の気付きを拾い上げながら、クラス全体で共有していくことで、数学的な見方・考え方を養っていく。

発見する
本時の学習をまとめ、次時への見通しをもつ。

- ★どちらが長いか比べるときには、どのように比べたらよいでしょうか。
  - ●端をそろえて比べる。
- ★次の時間は、この箱の縦と横のように、折り曲げて並べられないものはどうするか考えてみましょう。今日は振り返りに、どうやって比べられるか、予想を書いてみてね。

●児童

41

幼児期の遊びを通した学び と 算数科 測定(時刻) とのつながり

遊びを通した学び
お家ごっこ…
「お家には時計がいるね」
「3時ですよ〜」と時計をつくり、お家ごっこを楽しんでいる。時計が生活の中でとても身近なものになっている。

主体的な学びを引き出す保育者の援助と環境の構成
身の回りにある生活に必要な様々なものをごっこ遊びに取り入れています。大人が使う時計や携帯電話などに憧れをもち、それを使ってみたいという気持ちが強いので、それらしくつくって遊べるように扱いやすい材料を用意しておきます。

遊びを通した学び
パンを焼きますよ…
「しばらくお待ちください」
「チン！できました」と電子レンジをつくり、「これくらいの時間」と自分の時間の感覚で遊びを進めている。

主体的な学びを引き出す保育者の援助と環境の構成
幼児が楽しんでいることに合わせて、本物の電子レンジのように実際にピピッと音が鳴るタイマーを出してみたことで、より本物らしく遊びが展開していきます。幼児が生活の中で捉えている時間の感覚が、遊びに生かされます。

遊びを通した学び
時計を見てみよう…
「長い針がカタツムリになったからお片付け〜」と時計の数字に対応した絵を見ながら、幼児が見通しをもって生活している。

遊びを通した学び
今日は何日かな…
「おはようございます」「今日のシールは何にしようかな」と毎朝の活動の始まりを意識しながら出席シールを貼り、園生活を始めている。

主体的な学びを引き出す保育者の援助と環境の構成
シールを貼るのにカレンダーや掲示を見ながら「今日は何日」「何曜日」「今日は寒いね」などと、季節や日時、曜日を意識したり、「明日は何があるのかな」など生活の流れを感じて楽しみにしたりできるように働きかけています。

遊びを通した学び
早寝早起きしよう…
「くじられっしゃで寝ないと元気がでないよね」と、幼児が「9時」と「くじら」を結び付けて捉え、健康な生活を送るための時間を意識し始めている。

遊びを通した学び
誰が一番長く回るかな…
「よーいどん」「回って〜」とどれくらい長い時間回るか競争をしながら、秒の単位に関心をもつきっかけになっている。

幼児教育を通して育まれた10の姿

- 数量や図形、標識や文字などへの関心・感覚
- 健康な心と体
- 豊かな感性と表現

※これらの活動では他にも「協同性」「道徳性・規範意識の芽生え」などの姿も見てとれますが、ここではあえて「測定(時刻)」に深くつながるものだけを抜粋して記載しています。

小学校の各教科等における資質・能力とのつながり

- 時刻を表す単位に着目し、日常の中で時刻を読んだり、時刻と生活を関連付けたりする力

| 単元名 | **なんじ　なんじはん** | 【算数科　測定（時刻）】とのつながり |

| 幼児期の遊びを通した学び | 時刻と生活が密接に関わっていることを感じている。 |

| 目標 | （知識及び技能）日常生活の中で時刻を読むことができる。
（思考力，判断力，表現力等）時刻の読み方を用いて，時刻と日常生活を関連付けることができる。
（学びに向かう力，人間性等）時計の観察や操作を通して，時刻を表す単位に着目し，時刻と日常を関連付けようとしている。 |
| 学習計画 | ①（本時）時刻を表す単位に着目し，時刻の読み方を知る。　　②何時，何時半を使って，自分の生活を振り返り，時刻と生活を関連付ける。　※丸囲み数字は授業時数 |

【授業展開例】

経験を想起　　生活のリズムを想起する。

★教師

★園での生活の中で，時間を決めて遊んだり，お昼を食べたりしていましたね。時間は時計で分かります。教室にもあるよ。園の中にもありましたか？
- 幼稚園の先生がカタツムリのところにきたらお片付けって言ってた。
- 幼稚園にあんな時計，あったかなあ。あんまり覚えていないよ。

★元気に学校生活を送るためには，早寝早起きが大事です。朝起きる時間と夜寝る時間について考えていきたいのだけれど，だいたい何時に起きているか分かりますか？
- 6時に起きてるから大丈夫。
- お母さんに起こされているから分からないなあ。

POINT　幼児期の学びを踏まえた指導の工夫

園でも家庭でも時刻と生活は密接に関係しているが，全く関心のない子供もいる。個々の認識にかなりの差があることを念頭に置いて話題に挙げる。

問いを焦点化　　時計を観察し，数字と短針・長針について認識し，何時という単位を獲得する。

★何時なのかは，時計を見て分かるようになろうね。先生が起きたのは，この時間です。（6時を指した時計を提示）なんだかいろいろなものが，いっぱいついているね。何がありますか？
- 長い棒と短い棒がある。
- 丸の中に，1から12までの数字が書かれている。
- 長い棒は12のところで，短い棒は6のところにいるよ。

よく見ると，不思議！1から12までなんだ！
発見！1と2の間に小さな線もいっぱいだ

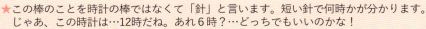

| **とけいを　よもう。** |

●児童

POINT　幼児期の学びを踏まえた指導の工夫

生活の中で何となく使っていた時計を，改めて観察する時間をとり，どこに着眼するかを明確にする。その際，幼児期の遊びの中の発見と同じようなわくわく感を促すために，小さな発見も取り上げていく。

★この棒のことを時計の棒ではなくて「針」と言います。短い針で何時かが分かります。じゃあ，この時計は…12時だね。あれ6時？…どっちでもいいのかな！
- えーーー！どっちでもよくないよーー！6時だよ。
- 短い針の方の数字が何時って言ったでしょ。短い針は6だからこれは6時。
- どっちでもいいなんて，だめだよ。

やってみる　　時計に示された何時と何時半の表記の違いに着目する。

★教師

★では続いて，先生が家を出発したときの時計は…　長い針が，1，2，3，4，5，6…　進んでいって，はい，12でストップ。一周しました。実はね，長い針は，1，2，3，4，5という風に，右へしか回りません。11，10，9と反対に回る時計は壊れています。さて，長い針はぐるっと一周回りました。先生が家を出発したのは何時ですか？
- 7時です。

★学校に着いた時の時計はこれです（…と言って7時半で時計をストップする）。短い針はどこを指していますか？
- 長い針は6ぴったりだけど，短い針は，7と8の間だけど…。
- 何時なのかな。長い針が6にぴったりだから6時かな。

試行を吟味　　子供用の時計を使いながら，何時半を捉える。

ペアで話しながら何度も時計を動かして，何時半を見付けよう

★短い針が7と8の間の時は，7時半と読みます。
- だって，長い針が半分まで動いているから半分の半なんだよね。
- え？長い針が半分まで動いてるってどういうこと？
- 動かして試してみよう！本当だ！半分だ！
- 半分だから，まだ7時だね。8時にはなってない。だから7時半なんだね。

●児童

POINT　幼児期の学びを踏まえた指導の工夫

園における遊びの中の経験を踏まえながら，子供が時計を手に取りながら，納得するまで十分に操作し，何時半という時刻を実感的に理解させたい。

発見する　　本時の学習をまとめ，適応問題を解いてみる。

★今日も大発見しましたね。今日の発見をまとめてみよう。
- 時計には短い針と長い針があって，短い針で何時かが分かる。間にあるときは，前の数字で○時。7と8なら7時。
- 針は右へしか進まない。
- 長い針が12のときはちょうど何時。長い針が6のときは何時半。

★では，このプリントの時計が何時なのか，または何時半なのか，読んでみよう。明日は，この力を使って，自分の生活の時間について考えてみようね。そのためにも，今からやる問題で，今日の発見をしっかり使えるようにしようね。

43

幼児期の遊びを通した学び と 算数科 データの活用 とのつながり

遊びを通した学び
リスの名前を決めよう…
「**私はしましまちゃんがいいな**」「**決めた！ これ**」と全園児で自分の気に入った名前の欄にシールを貼っていった。途中経過も見て分かりやすく、結果を楽しみにしている。

主体的な学びを引き出す保育者の援助と環境の構成
幼児の必要感を捉え、どの名前が選ばれているかが分かるようにボードを用意しました。シールの数は選んだ幼児の数であり、一番多くシールが貼られている名前が選ばれるということを、視覚的に捉えられるようにしています。

遊びを通した学び
どんぐりいっぱい…
「**何個くらいあるのかな**」「**同じ大きさのどんぐりを並べてみよう**」とビニール袋に入れていたどんぐりを種類ごとに並べてみることで数の違いに気付いている。

主体的な学びを引き出す保育者の援助と環境の構成
どんぐりをたくさん集めたことで、どれくらいの量だろうと興味をもっています。全部数えるのは難しいものの、自分たちで知りたいと思ったことを支えていくことで気付きがあり、種類別にして比べたり数えたりすることの面白さを考えるきっかけにつながっています。

遊びを通した学び
夏野菜の収穫をしたよ…
「**どれが一番多いのかな**」と野菜の種類ごとに分けたことで、多い少ないがより分かるようになった。

遊びを通した学び
回りますように…
「**よし回った**」「**4個回った**」「**さっきよりたくさん成功したね**」と何個コマが回ったかを記録することで成功した数が分かり、挑戦することを楽しんでいる。

主体的な学びを引き出す保育者の援助と環境の構成
成功と失敗を繰り返しながら、より多くのコマを回すことに挑戦することを楽しんでいます。コマが回った数を数えて励ましたり、成功した数を表示したりしたことで、幼児は自分たちの目標に向けて粘り強く挑戦を続けています。

遊びを通した学び
ゴールをねらって…
「**よし得点を入れるぞ**」「**4-5だからあと1点で追いつく**」とゲーム遊びでは得点が分かるように数字や表にすることで数の大小を理解している。

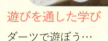

遊びを通した学び
ダーツで遊ぼう…
「**やった！ 当たった**」「**残念だった**」「**よし 次は真ん中をねらうぞ**」と的の場所によって得点を付けたり、表にしたりして対戦を楽しんでいる。

幼児教育を通して育まれた10の姿

- 数量や図形、標識や文字などへの関心・感覚
- 思考力の芽生え

※これらの活動では他にも「自然との関わり・生命尊重」「協同性」「道徳性・規範意識の芽生え」などの姿も見てとれますが、ここではあえて「データの活用」に深くつながるものだけを抜粋して記載しています。

小学校の各教科等における資質・能力とのつながり

- 物の個数について、簡単な絵や図などに表したり、それらを読み取ったりする力
- 個数に着目し、身の回りの事象の特徴を捉える力

初等教育資料
定期購読のご案内

学校、教育委員会の方々へ届ける文部科学省編集の月刊誌

定期購読
（年間・月額）
お申し込みは
こちらより

教育動向の今とこれから
が分かる！
確かな授業づくりと
学びの質の向上を深掘り！

電子書籍でも
読める！
令和2年4月号から
『初等教育資料』の
電子書籍販売が
スタートしています。

電子書籍 初等教育資料
で検索をお願いします。

令和7年度 本当に大切なことを考える
資質・能力の育成に向けた学び

「各教科等の目標の実現に向かうGIGAスクール構想のもとでの授業」
「小学校におけるウェルビーイングの実現」「防災教育の充実」
「個別最適な学びと協働的な学びの一体的な充実」
「学習指導要領実施状況調査結果を踏まえた学習指導の改善・充実」

令和7年度年間テーマ：
資質・能力の育成に向けた
学びを考える

初等教育資料 を読めば、

学習指導要領に基づく授業ができる！

東洋館出版社　　※写真提供：ペイレスイメージズ1（モデル）／PIXTA（ピクスタ）

幼児期に本当に大切な学びって何ですか？

幼児期は、「遊び」の中で周囲のヒト・モノ・コトに自ら進んで関わりながら、豊かで多様な体験を通して、様々な「学びの芽」を育んでいく時期です。
小学校以降の学びの基礎となる「学びの芽」。
そんな「学びの芽」はどのように育まれているのでしょうか？

見てね！

幼児期の大切な学びが分かる動画シリーズ

幼児教育は何のため？
（約2分）

「遊び」は「学び」ってどういうこと？
（約7分）

「学びの芽」を育む多様な遊び
（約9分）

「学びの芽」を育むどろだんご遊び
（約7分）

遊びは学び 学びは遊び
"やってみたいが学びの芽"

文部科学省

| 単元名 | かずをしらべよう | 【算数科 データの活用】とのつながり |

幼児期の遊びを通した学び
絵や図を用いて数量を表そうとしている。

目標	（知識及び技能）数量の整理に関わる数学的活動を通して、物の個数について、簡単な絵や図などに表したり、それらを読み取ったりする。 （思考力、判断力、表現力等）データの個数に着目し、身の回りの事象の特徴を捉える。 （学びに向かう力、人間性等）集めた資料の結果を分かりやすく整理しようと試行錯誤する。
学習計画	①（本時）大きさや長さの違うものも、個数として同じ「1」として捉え、種類ごとに分類整理する。データの個数に着目し、身の回りの事象の特徴を捉える。　→　② 身の回りの事象について、実際に調べ、特徴を捉える。　※丸囲み数字は授業時数

【授業展開例】

経験を想起　幼児期の経験を振り返りながら、数の大小比較に関心をもつ。

★園での生活の中などで、遊びやゲーム屋さんで、得点を数えたことがありますか？
- 的あてゲームをしたことあるよ。
- ボウリングで全部倒れたら、10点だった。

★さかな釣りゲームで、○○くんチームはこれだけ釣れました。
- カニが多いよ。
- 魚が多いよ。
- 違うよ、魚は大きいけど二匹だけだよ。

★何が一番多く釣れたかな？

POINT　幼児期の学びを踏まえた指導の工夫
幼児期における数の大小比較の経験を出し合い、興味・関心を高める。

かずを　わかりやすく　せいりしよう。

問いを焦点化　どのように分類整理するとよいか、考える。

★何が一番多いか、一目で分かるようにしたいね。
- 数えて数字で書いたらいい。

★一目で、ぱっと分かるようにしたいなあ。
- まずは種類ごとにまとめよう。
- そのまま並べたら、大きな魚の数が大きいから比べられないよ。

（ぱっと見て分かるようにしたい）

POINT　幼児期の学びを踏まえた指導の工夫
教師がわざと端をそろえずに並べたり、大きな魚をそのまま並べたりして、数量を比較するには、端をそろえることや個数として見ることを顕在化させる。

やってみる　整理しながら、よりよい方法を考える。

★この魚の絵をこうやって（端をそろえずに）並べたらいいね？
- だめだめ。端をそろえないと比べられないよ。

★端をそろえて並べたよ。これで一番多い魚が分かるね！（大きい魚が多く見える。）
- あれ、やっぱり大きなお魚が一番多いかな。
- 端をそろえても、一つずつの大きさもそろえないとだめだよ！

★そうなの？ どうして端をそろえるだけでは、比べられないのかな？
- 今は数を比べるんでしょ。大きさは関係ない。大きくても小さくても、一匹なら数は同じ「1」だから、一つの大きさをそろえないと、高さで比べられない。間違えちゃう！

試行を吟味　絵グラフを見て、気付いたことを話し合う。

★では、同じ大きさにして、端もそろえました。どう？ これで間違えないかな？
はじめの絵と比べて、分かりやすくなりましたか？ はじめの絵と今の絵は、どこが違いますか？
- そう！ これなら大丈夫！ まちがえない！
- はじめは、ばらばらで、混ざっていたけど、同じ種類がまとまっている。
- 一匹が同じ大きさだから、並べるだけでどれが一番多いか分かる！ 少ないのもすぐ分かる。
  二番目もすぐに分かるよ。だって、一番の次に高いところを見たらいいから。

★多い順番も、すぐに分かるのですね。先生ね、数字だけで書いたものも、つくってみたの。
ほら、これ。この今の絵とこの数字だけと比べてどう？
- 数字だけは、二番、三番と探すのに時間がかかるけど、今の絵は、高さですぐ分かる。
- 数字だけよりも、絵が並んでいる方が、見ようと思うし、分かりやすい。

（比べると、全然違うね！　すごく分かりやすくなった！）

発見する　分類整理するには、①種類ごとにまとめること、②並べるときは、一つ分を同じ大きさにそろえることが必要。

★数を分かりやすく整理するには、①種類ごとにまとめること、②一つ分を同じ大きさにそろえることが大事だね。
- ブロックを並べるときと同じように、端もそろえないとね。
- 同じ大きさのシールをその魚の数ずつ並べたら、もっと分かりやすいと思う！

生活科　担当者からのメッセージ

お話 ▶ お茶の水女子大学附属幼稚園
佐藤 寛子先生　／　川崎市総合教育センターカリキュラムセンター
山城 祥二先生

生活科の特徴

　生活科は、具体的な体験や活動を通して「生活に関わる見方・考え方」を生かしながら資質・能力を育む教科です。

　幼児期から遊びの中で身近な人や自然、社会との触れ合いを通して育まれた豊かな感性を生かし、小学校以降では体験活動と表現活動の相互作用を軸に、気付きの質を高めていきます。また、学習指導要領解説総則編では、幼児教育との接続においては生活科を中心とした合科的・関連的な指導を重視しています。幼児教育を通して生まれる学びの芽生えを小学校教育の学びの基礎へとつなげていくという意識が大切です。

　幼児期の遊びを通して育まれた「感じる」「気付く」「繰り返し関わる」「考える」「試す」「工夫する」といった資質・能力が、生活科を中心とした学習において発揮できるようにしていきます。生活科における栽培活動や身近な自然やものを使った遊び、学校探検や季節を感じる活動の中で、幼児期に体験したことを想起させたり、そこで得た気付きを授業に生かしたりすることで、児童はそれまでに培った学びを生かしながら主体的に学びに向かう姿につながります。

幼児期の遊びを通した学び

　幼児は身の回りの人、もの、ことなどの対象に豊かに関わり、じっくり遊ぶ中で、様々に感じたり考えたりしています。そして、自身の世界を広げたり深めたりしていきます。また、夢中になって遊ぶ中で味わった実感は、小学校以降の生活や学習に向かう意欲や態度へとつながっていくでしょう。

具体的には…

● 水、砂、土などの自然物に興味をもち、自ら体全体を使って遊ぶことで、感触を味わい、その性質に気付いている

● 空き箱や新聞紙などの身辺材を見立てたり、材料から刺激を受けイメージを膨らませたり、イメージしたものをつくったりしながら、遊びに必要なものをつくりだすことを楽しんでいる

● 身の回りの人、もの、こととの関わりの中で、うまくいかないもどかしさや戸惑いを感じ、どうしたらよいかと考え、試行錯誤しながら自分なりに解決しようとしている

● 育てた野菜や、工夫して採った園庭の樹木に実った果実を調理するなどして、みんなで分け合いながら食べるおいしさや楽しさを味わっている。

● みんなが楽しく遊び、心地よく過ごしていくために必要なルールを考え、つくっていこうとする

生活科

Contents

「幼児期の遊びを通した学び」と「生活科」とのつながり

学校と生活とのつながり ⋯⋯⋯⋯⋯⋯⋯⋯⋯⋯⋯⋯⋯⋯⋯⋯⋯ 48

[単元名] **はっけん！　がっこうたんけん！**

自然やものを使った遊びとのつながり ⋯⋯⋯⋯⋯⋯⋯⋯⋯ 50

[単元名] **わくわくいっぱい　秋を楽しもう**

動植物の飼育・栽培とのつながり ⋯⋯⋯⋯⋯⋯⋯⋯⋯⋯⋯ 52

[単元名] **きれいに咲かせたい！私のアサガオ**

自分の成長とのつながり ⋯⋯⋯⋯⋯⋯⋯⋯⋯⋯⋯⋯⋯⋯⋯⋯ 54

[単元名] **思い出タイムカプセルをつくろう**

幼児期の遊びを通した学び と 生活科 学校と生活 とのつながり

遊びを通した学び
ねずみばあさんが…
絵本の登場人物が園にもいるかもしれないと、みんなで集まり何やら相談。「**ねずみが好きなものをこっそり置くのはどう？**」翌日、園庭に夏みかんを置いていた。

主体的な学びを引き出す保育者の援助と環境の構成
絵本の読み聞かせからイメージが広がり、目に見えない世界を友達と一緒に自分たちの生活と結び付けています。イメージの世界と現実を行き来しながら広がる遊びを見守ります。

遊びを通した学び
牛乳パックの電車を走らせて…
「**1番線、まもなく電車が到着します**」廊下につくった駅を拠点にして、友達とやり取りしながら走らせる。「**もっと長くつなげよう！**」

主体的な学びを引き出す保育者の援助と環境の構成
大好きな電車で遊ぶ場に、廊下を選んだ子供たち。牛乳パックの電車も長い廊下のように、どんどん延びていきます。やりたい遊びに適した場所を自分で選んで過ごすことができることで、イメージも友達との関わりも広がっていきます。

遊びを通した学び
遠足で看板を発見！
「**ゴミは持ち帰るんだって！**」と書かれていることをみんなで読むと、おやつのゴミを自分のリュックへ入れている。

遊びを通した学び
芋掘りでたくさん収穫…
「**たくさんとれたから食べてください**」掘ってきたジャガイモを近くのこども園やナーサリー、毎朝「おはよう」の挨拶をする守衛さんにお裾分けしている。

主体的な学びを引き出す保育者の援助と環境の構成
園外に出掛けるといろいろな人たちと出会います。出会いや関わりを大切にすることで、いろいろな人が暮らしていることに気付き、自分たちの生活に関係のある人たちへの親しみの気持ちを表すようになります。

遊びを通した学び
「**お砂糖、どこかな・・・？**」梅ジュースづくりの材料を買いに店へ。家族と行く買い物とは違い、緊張した様子。無事に買うことができて意気揚々と園に戻っていく。

遊びを通した学び
隣の小学校から流れてきた音楽…
「**何をしてるんだろう？**」と興味津々。思わず遊びを止めて「見てみたい」と集まってきた。

幼児教育を通して育まれた10の姿

- 社会生活との関わり
- 道徳性・規範意識の芽生え
- 言葉による伝え合い

※これらの活動では他にも「思考力の芽生え」「健康な心と体」「豊かな感性と表現」などの姿も見てとれますが、ここではあえて「学校と生活」に深くつながるものだけを抜粋して記載しています。

小学校の各教科等における資質・能力とのつながり

- 学校での生活は、様々な人や施設と関わっていることが分かる
- 学校の施設の様子や学校生活を支えてくれている人々、通学路の様子やその安全を守ってくれている人々について考えている
- 楽しく安心して遊びや生活をしたり、安全な登下校をしたりしようとする

| 単元名 | はっけん！がっこうたんけん！ | 【生活科 学校と生活】とのつながり |

幼児期の遊びを通した学び
身近な地域を散策したり、そこにある人・もの・ことと関わったりする活動を通して、「感じる」「気付く」「考える」「表現する」といった思考を働かせる。

目標
- （知識及び技能の基礎）学校での生活は様々な人や施設と関わっていることが分かる。
- （思考力、判断力、表現力等の基礎）学校の施設の様子や学校生活を支えている人々、通学路の様子やその安全を守っている人々などについて考える。
- （学びに向かう力、人間性等）楽しく安心して遊びや生活をしたり、安全に登下校をしたりしようとする。

学習計画
- ①② 園と学校の違いから、学校の中で行ってみたところを話し合う。
- ③④⑤⑥（本時）学校を探検して気付いたことを伝え合い、学校のキラキラ（すてきなところ）を共有する。
- ⑦⑧⑨⑩⑪⑫ もっと詳しく知りたい場所や、会ってみたい人について話し合い、繰り返し学校探検に行く。
- ⑬⑭⑮ 学校探検で気付いたこと等を地図上に表し、キラキラ学校地図をつくる。

※丸囲み数字は授業時数

【授業展開例】

思いをもつ　園と学校の違いについて話し合い、学校の中を探検したいという思いや願いをもつ。

★教師

★みなさんが通っていた園と比べて学校はどうですか。面白そうなところや行ってみたいと思ったところはありますか？
- ●こんなに広い校庭があるなんてすごい。遊具もあったよ。
- ●入学式をやった体育館もすごく広かったよ。
- ●保育園のお散歩のとき、学校からきれいな音楽が聞こえてきたよ。楽器がある場所がどこかにあるんじゃないかな。
- ●教室に来る途中で大きな道具が置いてある部屋があったよ。何に使うんだろう。
- ●廊下の奥に階段があったよ。どこにつながっているんだろう。

★気になるところがいっぱいですね。大きさは違っても、園庭や教室、園と同じところもたくさんあるのでしょう。学校にしかないものもあるかな？　わくわくしますね。

POINT　幼児期の学びを踏まえた指導の工夫
園との比較から、子供の学校への興味・関心を引き出し、学校の様々な場所に行ってみたい、学校でこんなことをしてみたいという思いや願いが生まれるようにする。その際に園と共通することを感じさせ、学校への安心感へつなげる。

伝え合う　学校の中で行ってみたい場所ややってみたいことを伝え合う。

学校の中で行ってみたいところを探検しよう。

★では、これから学校を探検してみましょう。まずはどんなところに行ってみたいですか。
- ●まずは、教室に来る途中にあった大きな道具が置いてある部屋に行ってみたいな。見たことない機械や大きな絵が飾られていたよ。
- ●どこからか歌っている声や楽器の音が聞こえてきたよ。どこかに楽器がたくさんある部屋があるんだ。探しに行きたいな。
- ●階段がいくつかあったよ。どこにつながってるか調べてみたい。何階まであるのかな。
- ●私のお兄ちゃんが3階で勉強してるって言ってたよ。会いに行きたいな。
- ●入学式で行った体育館にも行ってみたい。きっと広いからたくさん遊べるよ。
- ●校庭がすごく広いから、思いっきり走りたいな。あと、鉄棒やジャングルジムもあったよ。あそこでみんなで遊びたいな。

★（子供の思いや願いを模造紙等にまとめていく。）たくさん出てきましたね。では、今日は、みんなが気になっていた同じ階の部屋に行ってみましょう。

いろいろな場所に行ってみたいな！
●児童

POINT　幼児期の学びを踏まえた指導の工夫
園との違いから、子供の学校への興味・関心を高め、学校の様々な場所に行ってみたい、学校でこんなことをしてみたいという思いや願いを伝え合い共有しながら、視覚化を図る。

探検する　子供の思いや願いに合わせて、学校探検に行く。（1回目）

- ●すごい！木でできた机だよ。なんだか傷が付いているな。ここで何をするのかな。
- ●お姉ちゃんがカッターとかのこぎりを使って作品づくりをするって言ってたよ。私もそういうのやってみたいな。
- ●幼稚園でも工作したことあるよ。学校ではこの部屋で工作をするのかな。
- ●入口に部屋の名前が書いてあったよ。先生に聞いたら、図工室って読むんだって。

POINT　幼児期の学びを踏まえた指導の工夫
「もっと○○したい」という思いや願いが膨らむように、子供の発言を模造紙にまとめ、行ってみたい場所リストをつくる。探検を繰り返し行う中で、リストが増えていくようにする。

振り返る　本時の学習をまとめ、次時への見通しをもつ。

★面白いものがたくさんある部屋でしたね。みんなが気付いたことを教えてください。
（上記の気付きを言語化、動作化するなどして表現し、板書にまとめる。）
（リストを見ながら）次の時間に行きたいところはどこかな。→次時へのめあてにつなげる。

次はどこに行こうかな！●児童

49

幼児期の遊びを通した学び と 生活科 自然やものを使った遊び とのつながり

遊びを通した学び
「**葉っぱで枕をつくる！**」園庭のイチョウの葉をビニール袋に詰めると、枕をつくり始めた。枕カバーになるように不織布を渡すと、イメージ豊かに絵をかいた。そっと頭を乗せて「**草の匂いがするよ**」とつぶやいている。

主体的な学びを引き出す保育者の援助と環境の構成
季節の色、匂い、空気、風･･･。幼児が全身で感じ、気付いたことを保育者も共に味わい、楽しみます。幼児のイメージを捉えて、タイミングを逃さずに教材を提示してみることで、幼児の体験がつながっていきます。

遊びを通した学び
段ボール製のロボット…完成させると、「**ロボットで家に帰りたい！**」と言い、段ボールの顔を一度外し、かばんをちゃんと背負うと、ロボットのまま保護者の待つ玄関に向かっていた。

主体的な学びを引き出す保育者の援助と環境の構成
イメージを形にできるよう、保育者は幼児の力量に応じた援助をします。思いが実現できた嬉しさや満足感が「ロボットで家に帰りたい」という思いとなって表れ、自信をもって自分の世界を表現し始めます。

遊びを通した学び
「**これ使うと便利だよ**」道具（ドレッシングマドラー）を使いながら、その特徴に気付き、使いこなしている。用途を超えた使い方を工夫している。

遊びを通した学び
拾ってきたどんぐりと松ぼっくりをお気に入りの箱に並べ始める。「**きれいに並べたいのだけど、転がっちゃうの**」と並べ方にこだわりが出てきている。

主体的な学びを引き出す保育者の援助と環境の構成
きれいに並べたいという思いが叶うよう、保育者も一緒に考え、用途に適した木工用ボンドを渡すと、子供は丁寧に付け始めました。思いがこもった魅力的な作品は、周りの子供のやってみたい気持ちを誘います。

遊びを通した学び
「**こんなのできたよ！**」拾ってきた枝や松ぼっくりに、好みの色の毛糸を巻いて、オリジナルのオーナメントが完成。クリスマスツリーに飾っている。

遊びを通した学び
「**いないねぇ**」夏の間たくさんいた昆虫がなかなか見付からなくなってきた。「**秋になったのかな･･･**」子供は遊びを通して季節の変化を感じている。

⬇

幼児教育を通して育まれた10の姿
● 自立心　　● 思考力の芽生え　　● 豊かな感性と表現

※これらの活動では他にも「健康な心と体」「自然との関わり・生命尊重」などの姿も見てとれますが、ここではあえて「自然やものを使った遊び」に深くつながるものだけを抜粋して記載しています。

⬇

小学校の各教科等における資質・能力とのつながり
● 遊びや遊びに使うものをつくる面白さや自然の不思議さに気付く
● 遊びや遊びに使うものを工夫してつくることができる
● みんなと楽しみながら遊びを創りだそうとする

| 単元名 | わくわくいっぱい　秋を楽しもう【生活科 自然やものを使った遊び】とのつながり |

幼児期の遊びを通した学び
身近にあるものや自然を使って、遊んだり、遊びに使うものをつくったりする活動を通して、「考える」「試す」「工夫する」「表現する」といった思考を働かせる。

目標	（知識及び技能の基礎）遊びや遊びに使うものをつくる面白さや自然の不思議さに気付く。 （思考力，判断力，表現力等の基礎）遊びや遊びに使うものを工夫してつくることができる。 （学びに向かう力，人間性等）みんなと楽しみながら遊びを創りだそうとする。
学習計画	①② 身近な公園や校庭で秋の自然と触れ合い、楽しかったことを伝え合う。／③④⑤⑥（本時）秋の自然を使った遊びを通して、もっと○○したいという思いや願いをもち、秋に繰り返し関わる。／⑦⑧⑨⑩ もっと○○したいという思いや願いをもち、遊びや遊びに使うものを工夫してつくる。／⑪⑫⑬⑭ みんなと遊ぶために、遊びの約束やルールを工夫して、秋の遊びランドを実施する。　※丸囲み数字は授業時数

【授業展開例】

思いをもつ
今までの経験を振り返りながら身近な自然を使った遊びを想起し、「秋の自然で○○したい」という思いや願いをもつ。

★この前は、公園や校庭でたくさん秋を楽しみましたね。そこで、みなさんがもっと学校の中でも秋を楽しみたいということで、秋の自然をたくさん持ち帰ってきました。園でも、秋を楽しんだことはありますか？
- 葉っぱを集めてみんなで寝転がったのが気持ちよかったよ。
- どんぐりをお金にしてお店屋さんごっこをしたよ。店の看板もつくったよ。
- 秋のものを使っておままごとしたのが楽しかった。

★たくさん楽しいことを経験しているのですね。最後は看板をつくってみんなでお店屋さんにするのもいいですね。今日は園で遊んだことも思い出しながら、1年生バージョンの秋の遊びを楽しみましょう。

POINT　幼児期の学びを踏まえた指導の工夫
公園や校庭での秋遊びの楽しさを十分に味わうことで、学校でも秋で楽しみたいという思いや願いが生まれる。その際に、幼児期での遊びを想起させることで、園での経験を生かし、遊びがさらに発展していく。

遊ぶ
秋の自然を使った遊びの見通しをもち、秋の遊びを楽しんだり遊びに使うものをつくったりする。

学校で秋の自然を使った遊びを楽しもう。

★今日は、広い多目的室で遊びましょう。みんなが集めた秋の自然をまとめた秋の自然コーナーもつくったので、たくさん使っていいですよ。では、どうぞ。
- 葉っぱのお風呂をつくってみんなで入ってみようよ。
- 秋はきれいな色のものがたくさんあるから、秋の服をつくりたい。
- どんぐりを回すとコマみたいになるよ。もっと回したい。
- 秋を使ってたくさんお料理ごっこしたいな。
- 秋のものがたくさん集まったから、これで宝物探しをしたいな。
- 秋の葉っぱはお魚みたいに見えるから、釣りをしてみようよ。

幼稚園のときよりパワーアップだ！

POINT　幼児期の学びを踏まえた指導の工夫
「もっと○○したい」という思いや願いが膨らむように、広い空間で遊べるようにしたり、秋の自然をたくさん集められる場、必要な道具を使える場等を用意したりして、幼児期の経験を生かせる環境をつくる。

交流する
遊んで楽しかったことや工夫したことについて伝え合う。

★遊んでみて楽しかったことや遊びの中で工夫したことはありますか。
- 葉っぱのお風呂の中に秋の宝物を入れたら、宝探しができて面白かった。
- どんぐりコマは、使うどんぐりによって回り方が違って面白いよ。
- お料理ごっこでは、大きな葉を使うと料理を入れるお皿もつくれたよ。
- 釣りのときに、葉っぱが乾いていて取りにくいから、取りにくい葉は高い点数にしたよ。
- ごみ袋にたくさん秋のものを付けるとかわいい服ができたよ。

★たくさん楽しめましたね。もっとこうしたいということをカードに書きましょう。

それ楽しそう！私もやってみたい！

どんぐりの形で比べっこ！

POINT　幼児期の学びを踏まえた指導の工夫
単元目標を意識しながら、遊びを通して得た気付きを価値付け、クラス全体で共有していくことで、思いや願いの実現に向けて新たなヒントが得られるようにする。

振り返る
本時の学習をまとめ、次時への見通しをもつ。

- 今度は、宝探しで見付けやすいようにどんぐりをカラフルにしたいな。
- かわいい服ができたから、今度はファッションショーをやりたいな。
- 秋の自然のものが足りないから校庭や公園に集めに行きたいな。
- 秋の楽しいところ、面白いところがたくさん見付かったよ。

★今日も秋の楽しさや面白さがたくさん見付かりましたね。次はもっと楽しいことができそうですね。

面白い形の葉っぱ見付けたよ！

幼児期の遊びを通した学び と 生活科 動植物の飼育・栽培 とのつながり

遊びを通した学び
5歳児が世話をしている畑の野菜を、3歳児が採ってしまった。収穫を楽しみにしていた5歳児。けれど3歳児を責めるわけにはいかないと「**そうだ！かかしをつくろうよ**」と提案している。

保育者の援助と環境の構成
5歳児が年下の幼児の思いを想像し思いやって「かかしをつくろう」と思い付いたことを遊びに生かし、つくる材料を一緒に探しながら用意します。栽培から収穫への過程にある様々な気付きが発達に必要な体験となるよう、環境を再構成していきます。

遊びを通した学び
今日も誘い合ってお目当ての幼虫を探しに行った二人。「**柔らかい土が幼虫はお気に入りなんだ**」「**けっこう深いところにいるんだよね**」虫の生育場所にも詳しくなっている。

主体的な学びを引き出す保育者の援助と環境の構成
互いに思ったことや考えたことをつぶやいたり聞いたりしながら、じっくり取り組む時間や空間を保障します。その子なりの環境への関わり方や感じ方を認め、大事にすることは、人、もの、ことと主体的に関わろうとする気持ちを育みます。

遊びを通した学び
モルモットのお世話…「**この葉っぱはあんまり食べないね**」「**園庭にあるクローバーが好きみたいだよ！**」と親しみをもって世話をしながら、動物の特徴に気付いていく。

遊びを通した学び
園庭のビワの実が色付き始めたことに気付くのは、昨年の経験がある5歳児。最初にこっそり味見して、「**小さい組にも分けてあげよう！**」とみんなに振る舞っている。

主体的な学びを引き出す保育者の援助と環境の構成
園庭に実のなる樹木のある豊かさ。花から実への変化を楽しみ、自然の恵みを収穫する、分け合って食べるなどの体験を通して、みんなで暮らす気持ちが育まれていきます。

遊びを通した学び
「**大根、このくらい大きかった！**」掘った大根の大きさに心が動いていたので、翌日、大きな紙と絵の具を用意。のびのびとかき始める。

遊びを通した学び
「**ビワの種、植えたいんだ！**」ビワをおいしく食べた後、とっておいた種を握りしめて持ってきて、土と植木鉢を大急ぎで用意。芽が出ることを期待しながら友達と種を植えている。

幼児教育を通して育まれた10の姿

● 自然との関わり・生命尊重　● 思考力の芽生え　● 豊かな感性と表現

※これらの活動では他にも「道徳性・規範意識の芽生え」「健康な心と体」「協同性」などの姿も見てとれますが、ここではあえて「動植物の飼育・栽培」に深くつながるものだけを抜粋して記載しています。

小学校の各教科等における資質・能力とのつながり

● 動植物は生命をもっていることや成長していることに気付く
● 動植物の育つ場所、変化や成長の様子に関心をもって働きかけることができる
● 生き物への親しみをもち、大切にしようとする

| 単元名 | きれいに咲かせたい！私のアサガオ　【生活科 動植物の飼育・栽培】とのつながり |

幼児期の遊びを通した学び　生き物を飼ったり、植物を育てたりする活動を通して、対象に働きかけながら「見付ける」「気付く」「考える」「試す」「工夫する」「表現する」といった思考を働かせる。

目標	（知識及び技能の基礎）　アサガオは生命をもっていることや成長していることに気付く。 （思考力、判断力、表現力等の基礎）　アサガオの育つ場所、変化や成長の様子に関心をもって働きかけることができる。 （学びに向かう力、人間性等）　アサガオへの親しみをもち、大切にしようとする。
学習計画	①②　幼児期の栽培活動の経験を想起したり、アサガオの種の観察をしたりして、植物を育てたいという思いをもつ。　→　③④⑤⑥⑦⑧（本時）　自分の思いや願いに合わせて、アサガオを観察したり、アサガオの育て方について調べたりして、気付いたことを友達と交流しながら栽培の工夫を考え、実践する。　→　⑨⑩⑪　枯れてきたアサガオをどうしたいか話し合い、話し合ったことを実践する。　※丸囲み数字は授業時数

【授業展開例】

気付きを共有
前時でアサガオを観察した際に気付いたことを伝え合う。

★前の時間にアサガオの観察をしましたね。みなさんのアサガオ日記にもたくさん気付いたことが書かれていました。観察めがねでよく細かいところまで観察していてすてきです。観察をして気付いたことがある人は教えてください。
- アサガオの背が前より消しゴム3つ分くらい高くなったよ。
- 葉っぱの数が前より8枚も増えていたよ。葉っぱの大きさも大きくなってた。
- 私のアサガオは元気がないよ。もっとお水をあげればよかったかな。

★みんなが大切に育てているから大きくなっているのでしょうね。でも、困ったことがある人もいるようです。同じように困っているという人はいますか。では、今日は、アサガオがもっと元気に大きくなるにはどうすればよいか考えましょう。

（児童：困ったな。どうしよう？）

POINT　幼児期の学びを踏まえた指導の工夫
観察の際に、ペーパーの芯を2つつなげてつくる観察用のめがねや、携帯できるアサガオ日記など、園での遊びを生かしたアイテムをつくることで観察の意欲を高める。

話し合う
観察して気付いたことをもとに、栽培の工夫について話し合う。

アサガオがもっと元気に大きくなるにはどうすればよいか考えよう。

★園などで植物を育てたときに、どんなときにどのような工夫をしたか教えてください。
- アサガオに名前を付けて、毎日声を掛けてあげたよ。
- 毎日見に行って、一日3回お水をあげたよ。
- 太陽が当たっているところに置くと、元気になるよ。

★どんな工夫ができそうか話し合ってみましょう。
- お水はいつもどのくらいあげたらいいかな。友達に聞いてみたい。
- 毎日アサガオパトロールをして、太陽が当たっているところに場所を移してあげよう。
- 名前を付けるのはいいね。私のアサガオにぴったりの名前を考えたいな。
- 園では看板をつくって花壇に置いたよ。アサガオも嬉しいんじゃないかな。
- 園では歌をつくって歌ってあげたことがあるよ。

（児童：その方法いいね！私もやってみたい！）

POINT　幼児期の学びを踏まえた指導の工夫
園での栽培活動を想起することで、それぞれの経験から得た気付きが関連付けられ、栽培の工夫についてのヒントとなるようにする。話し合った内容は模造紙等にまとめ、栽培の工夫の根拠となるようにする。

ペアやグループで相談タイム

試す
話し合って考えた栽培の工夫について実際に試す。

★では、今話し合ったことを、実際に試してみましょう。アサガオのところに行きましょう。
- 水やりのお水の量を決めて、毎日あげてみよう。日当たりがいいのはここかな。
- アサガオの看板用にアサガオの絵をかいてあげよう。
- アサガオの名前はどうしようかな。よく観察してから決めたいな。

★みなさん、それぞれ考えた工夫をやってみることができましたね。次の時間にはこの続きをしましょう。楽しみですね。

POINT　幼児期の学びを踏まえた指導の工夫
アサガオへの思いや願いを素直に表現する中で、アサガオの成長を歌にして歌ったり、成長の様子からイメージを膨らませて絵に表したりすることで、幼児期の「豊かな感性や表現」とつながる。

振り返る
本時の学習をまとめ、次時への見通しをもつ。

★今日の活動で考えたことや、やってみた工夫についてアサガオ日記にまとめましょう。
- アサガオをよく見て、自分のアサガオだけの特別な名前を付けたい。
- アサガオの水やりをするとき、○○さんが言っていたように量を増やしてみようかな。毎日声も掛けに行こう。
- アサガオの看板にお花が咲いたときの絵を想像してかきたいな。

★次の時間からどんなことをしたいですか。
- さっそくアサガオの看板づくりをしよう。
- 私は、毎日パトロールに行って声を掛けるよ。

幼児期の遊びを通した学び と 生活科 自分の成長 とのつながり

遊びを通した学び
竹馬に挑戦…
友達が乗れるようになっていく中で、なかなかコツがつかめずにいた。それでも、諦めずに毎日挑戦。この日、ついに乗れるようになって**「先生、見てて！」**と嬉しい気持ちを伝えている。

主体的な学びを引き出す保育者の援助と環境の構成
幼児がやりたいと挑戦し始めたことを応援します。心の動きを捉え、言葉で励ます、手を添えるなど、状況に合わせた援助を心がけます。諦めずに取り組み、できるようになった嬉しさは、自信につながります。

遊びを通した学び
「**よいしょ！ よいしょ！**」「**誰か、手伝って～！**」一人じゃとても運べない重たい机もみんなと一緒なら大丈夫。嬉しくなって、「**よいしょ！**」の声も大きくなっている。

主体的な学びを引き出す保育者の援助と環境の構成
一人でできることが増えていくことだけでなく、困った時に助けを求められることも大切にします。「みんなと一緒だと運べたね」などと言葉に出すことで、力を出し合うことの大切さや助け合える仲間の存在に気付いていけるよう、働きかけます。

遊びを通した学び
絵をかきたい思いが膨らんで**「お庭でかきたいな！」**保育者と一緒に場をつくる。「**ぼくもやる！**」と周りの幼児たちもやってみたい気持ちが高まって楽しみながらかく。

遊びを通した学び
「○○くん、ビワ採ってくれる？」「**よっしゃ！名人に任せてくれ！**」ビワを採ろうと方法を考え、それを実行。自分の力を発揮し、自他共に認める名人となる。

主体的な学びを引き出す保育者の援助と環境の構成
一人一人がしたいことを見付け、じっくり取り組む環境を保障し続けることで、自分の力を発揮するだけでなく、虫取りなら○○くん、木登りなら△△ちゃん…など、互いの得意なことが分かって認め合う関係性ができてきます。

遊びを通した学び
5歳児が、飼っているカブトムシを4歳児に分けてくれ、「**ここを持つといいよ**」と説明すると、真剣に聴く4歳児。年長組への憧れの気持ちが膨らむ。

遊びを通した学び
牛乳パックの船を真似て、空き箱で船づくり。水に浮かべるとすぐに崩れてしまった。「**どうして浮かばないの？**」と疑問をもって試している。

幼児教育を通して育まれた10の姿

- 健康な心と体
- 自立心
- 思考力の芽生え

※これらの活動では他にも「協同性」「豊かな感性と表現」などの姿も見てとれますが、ここではあえて「自分の成長」に深くつながるものだけを抜粋して記載しています。

小学校の各教科等における資質・能力とのつながり

- 自分が大きくなったこと、できるようになったこと、役割が増えたことなどが分かる
- 自分のことや自分を支えてくれた人々について考える
- これまで支えてくれた人々に感謝の気持ちをもち、これからの成長への願いをもって意欲的に生活しようとする

| 単元名 | 思い出タイムカプセルをつくろう | 【生活科 自分の成長】とのつながり |

幼児期の遊びを通した学び 　園での学びを振り返ったり、そこで出会った人、もの、ことと自分との関わりについて「感じる」「気付く」「考える」「表現する」といった思考を働かせる。

目標	（知識及び技能の基礎）自分が大きくなったこと、自分ができるようになったこと、役割が増えたことなどが分かる。
	（思考力、判断力、表現力等の基礎）自分のことや自分を支えてくれた人々について考える。
	（学びに向かう力、人間性等）これまで支えてくれた人々への感謝の気持ちをもち、これからの成長への願いをもって意欲的に生活する。

学習計画

| ①② 1年生のこれまでの思い出を伝え合い、学習の見通しをもつ。 | ③④⑤⑥（本時） タイムカプセルをつくるために、家の人や園の先生、友達などから情報を集める。 | ⑦⑧⑨⑩ タイムカプセルの中身について友達と交流することを通して、自分のことや自分の成長について表現する。 | ⑪⑫⑬⑭ タイムカプセルを開ける頃（2年生の最後）に、どんな2年生になっていたいか考え、まとめる。 |

※丸囲み数字は授業時数

【授業展開例】

伝え合う　タイムカプセルをつくるために集めた情報をもとに、友達と交流する。

★タイムカプセルをつくるために、これまで自分ができるようになったことや成長したことなどをたくさん集めてきましたね。どんなことがありましたか。
- お家の人から、毎日自分から宿題ができるようになったねって言われたよ。
- アサガオがきれいな花を咲かせたのもぼくがたくさんお世話したからだ。
- 弟の保育園のお迎えに行ったとき、保育園の先生にすごい大きくなったねって言われたよ。これも私の成長だね。

★すごい！たくさん見付かりましたね。お家の人や園の先生に聞いて自分の成長を見付けた人もいますね。よいアイデアですね。
では、自分のできるようになったことや成長をもっと伝え合いましょう。

見付けた自分の成長を伝え合おう。

- 生活科の学習で、毎日お家の手伝いをするようになったよ。
- 学校のこともたくさん知って、今はどこでも行けるね。
- 「初めて書いた名前」の作品を見ると、今の字と全然違ったよ。

★生活科やこれまでの学習を振り返ったのですね。学びを生かしていてすばらしいですね。
- 幼稚園のときより字も書けるし計算もできるようになった。
- 私は保育園のときに比べて、給食を残さず食べられるようになったよ。

★園のときの自分を調べることで、今の自分の成長が見付かったのですね。すてきですね。
- お家の人に小さい頃の話を聞くと、今できるようになったことがたくさん分かりそうだよ。
- 幼稚園は近くだから、〇〇先生に園のときのことを聞いてみたい。

計画する　次の時間にもっと調べたいことを書いて、インタビュー計画を立てる。

★自分の成長を見付けるヒントが出てきたようですね。次の時間はどんなことをしたいですか。
- お家の人に私が成長したと思うところを聞いてみたいな。
- 学校の先生に聞くのもいいかも。保健室の先生もいつも私たちを見てくれているから、たくさん教えてくれそうだよ。
- 園の先生に会いたいな。園のときの話を聞いたら、いろいろ分かりそうだよ。
- 6年生に聞いてみてもいいね。ずっと一緒にいてくれたものね。

★聞いてみたい人がたくさん出てきましたね。では次の時間はインタビューをしに行きましょう。インタビューで聞いてみたいことを成長メモに書いておきましょう。

振り返る　本時の学習をまとめ、次時への見通しをもつ。

- お家の人に、幼稚園のときの私のことを聞いてみたい。
- 保健室の先生に聞けば、体が大きくなったことも教えてくれそうだよ。
- 保育園の先生に、今の自分のことを伝えたいな。園での思い出もたくさんお話ししたいな。
- 6年生に、私たちが成長したなと感じることを聞いてみよう。
- タイムカプセルにたくさん私たちの成長したことが集まりそうだね。

★今日も自分の成長がたくさん見付かりましたね。次はたくさんインタビューできるといいですね。

POINT　幼児期の学びを踏まえた指導の工夫

年間を通して生活科で学んだことなどを掲示物に残しておくことで、子供が自分の学びや成長を振り返ることができるようにする。その際、園での学びも踏まえて、自身の成長の気付きにつなげる。

POINT　幼児期の学びを踏まえた指導の工夫

「前は〜だったけど、今は〜になったよ」など、過去の自分との比較や、「〇〇に聞いたら…」など、身近な人々から聞いた話等をもとに自分の成長に気付いている子供の話題を共有し、「比べる」という思考につながるようにする。

POINT　幼児期の学びを踏まえた指導の工夫

園での経験や園で学んだことと比較して、できるようになったことや成長したことを振り返るきっかけにする。また、園で多くの情報を集められるように事前に園と打ち合わせをするなど連携しておく。

音楽科

担当者からのメッセージ

お話
福島県教育庁義務教育課
米屋 真由美先生 ／ 福島県教育庁義務教育課
梅宮 真里先生

音楽科の特徴

音楽科は「表現及び鑑賞の活動を通して，音楽的な見方・考え方を働かせ，生活や社会の中の音や音楽と豊かに関わる資質・能力」を育成する教科です。

「音楽的な見方・考え方」を働かせるとは「音楽に対する感性を働かせ，音や音楽を，音楽を形づくっている要素とその働きの視点で捉え，自己のイメージや感情，生活や文化などと関連付けること」です。

主体的・対話的で深い学びの視点からの授業改善を図るためには、学習過程や学習活動において、音楽的な見方・考え方を働かせることができるよう、効果的な指導の手立てを工夫することが重要となります。

幼児期に生活する中で、自然の中の様々な音や、遊びの中で生み出される音や音楽を夢中で聴いて、心動かされたり、具体的なイメージをもったりすることで、小学校以降においても自分の経験と音楽が結び付き、深い学びにつながることが期待されます。

幼児期の遊びを通した学び

遊びを通して音の面白さや不思議さなどに気付き、心を動かしています。感じたり、考えたり、イメージを広げたりなど、様々な経験を重ねながら、感性や表現する力等の資質・能力が相互に関連し合い、総合的に発達していきます。

具体的には…

- わらべうたや手遊びなどを通して、歌ったり体を動かしたりする楽しさ、友達と声や動きがそろったり思いを共有して遊んだりする心地よさを味わっている

- 身近にある音の違いや変化への気付き、文化に触れる経験が、リズムや音の響きに対する感覚、楽器の音色や演奏への興味・関心、イメージの広がりにつながっていく

- 聴いたり感じたり友達と関わったりしてきたことで、「やってみたい（意欲）」「次はこうしよう（挑戦）」「こうしたらどうかな（工夫）」と、意欲が高まっていく。そして、遊びが広がり、満足感、充実感や達成感を得ることは気持ちの安定にもつながる

音楽科

Contents

「幼児期の遊びを通した学び」と「音楽科」とのつながり

歌唱とのつながり 58

[題材名] おんがくを からだでかんじよう

器楽とのつながり 60

[題材名] どんな音がするのかな

音楽づくりとのつながり 62

[題材名] つなげて まねして あそぼう

鑑賞とのつながり 64

[題材名] ばめんを そうぞうし きこう

幼児期の遊びを通した学び と 音楽科 歌唱 とのつながり

遊びを通した学び
互いに誘い合って集まり…
「♪あぶくたった、にえたった」
歌詞からストーリーを感じイメージを共有しながら、友達と遊ぶ楽しさ、動きや呼吸を合わせる心地よさを感じ取っている。

主体的な学びを引き出す保育者の援助と環境の構成
手をつないだり掛け声を合わせたりなどして、友達と歌う楽しさやリズムに乗る心地よさを感じられるわらべうたや伝承遊び等を取り入れています。歌詞やルールは、発達段階に応じてそれまでの経験を踏まえ、幼児たちみんなで確認し合ったり、つくったりすることもあります。

遊びを通した学び
遊びと歌がつながった！
「♪シャ～ボンだ～ま～とんだ～」シャボン玉が膨らみ、飛んでいく。その嬉しさから、思わず歌を口ずさむ。生活の中で音楽に親しむ経験を重ねている。

主体的な学びを引き出す保育者の援助と環境の構成
幼児は生活経験と歌、歌の世界と遊びを行き来することで、イメージが広がったり、生活や遊びに歌を生かしたりしています。幼児の思いと遊びがつながったときを逃さず、保育者も一緒に楽しむことで、物の名前や自然の様子を表す言葉に触れたり、オノマトペによる表現を知ったり、季節の変化を感じ取ったりしていきます。

遊びを通した学び
アルプス一万尺をしていて…
「もっとスピードアップしよう！」友達と動きを合わせながら歌う楽しさ、速度を変化させる面白さ、二人で動作がそろう喜び、できた自信や満足感を味わっている。

遊びを通した学び
ジャンケン列車…
次第に歌声にも気合が入る！「**勝つのは、どっち？**」ドキドキわくわくする楽しさを味わいながら、喜びや悔しさ等の気持ちを調整したり、友達を応援し認めたりすることができるようになっている。

主体的な学びを引き出す保育者の援助と環境の構成
声を出す感覚や声の音色を楽しんだり、一体感の心地よさを味わったりする等、表現の面白さに触れる機会となるよう、音の高低・強弱等を変化させます。勝敗が生じる遊びでは、幼児の気持ちに寄り添い、共感することで、感情をコントロールする等の学びに向かう力の育ちを支えています。

遊びを通した学び
先生の動作を見て真似しながら…
「♪にんじんさん、さくらんぼさん、しいたけさん、ごぼうさん」見て真似たり、手指を動かしたり、リズムをとったりしながら一緒に歌う楽しさを味わっている。

遊びを通した学び
発表会で歌いたい曲をみんなで考え、どんな風に歌いたいかを話し合った。「**この歌好き！**」届けたい気持ち、伝えたい思いがあるからこそ「**歌うって楽しい！**」みんなの心が一つになった歌声をホールに響かせている。

幼児教育を通して育まれた10の姿

- 健康な心と体
- 協同性
- 豊かな感性と表現

※これらの活動では他にも「自然との関わり・生命尊重」「言葉による伝え合い」「道徳性・規範意識の芽生え」などの姿も見てとれますが、ここではあえて「歌唱」に深くつながるものだけを抜粋して記載しています。

小学校の各教科等における資質・能力とのつながり

- 自分が表したい表現を考え、思いに合った表現をするために必要な技能を身に付け、表現する力
- 歌詞の内容や曲想を自分なりに感じ取り、思いをもって歌おうとすること

| 題材名 | おんがくを からだで かんじよう | 【音楽科 歌唱】とのつながり |

| 幼児期の遊びを通した学び | 曲想や歌詞の内容に合わせて、イメージを広げながら歌うことを楽しむ。
特徴的な拍や強弱等を体で感じ取りながら気持ちを込めて歌う。 |

目標	（知識及び技能）曲想と音楽の構造などとの関わりについて気付くとともに、音楽表現を楽しむために必要な歌唱の技能を身に付けることができる。
	（思考力、判断力、表現力等）拍や速度、強弱の変化を感じ取りどのように歌うかについて思いをもつことができる。
	（学びに向かう力、人間性等）楽しく音楽に関わり、友達と協働しながら音楽活動に取り組み、体全体で音楽を感じる。

| 学習計画 | ①②（歌唱）一枚絵の中にある風景や動物を探して楽しく歌う。 → ③④（歌唱）「さんぽ」に合わせて歩き、拍を感じながら楽しく歌う。 → ⑤⑥（歌唱）「森のくまさん」を歌い、先生や友達の声を真似して歌う。 → ⑦（本時：歌唱）「ひらいた ひらいた」の歌詞の内容から様子を感じ取って歌う。 |

※丸囲み数字は授業時数

【授業展開例】

導入
「ひらいた ひらいた」を聴き、開いたりつぼんだりする花の様子について感じ取る。

★教師

★（はすの花の写真を提示し）この花は、はすの花です。
花の様子に注目して聴いてみましょう。
- （曲を聴きながら一緒に口ずさんでいる。）
- （曲に合わせて体を揺らしながら聴いている。）

★今、聴いた曲は「ひらいた ひらいた」という曲です。
はすの花は、どのような様子でしたか？
- 最初は咲いているけれど、いつの間にかつぼんじゃった。
- つぼんでもまた開いて咲くんだよ。

★よく聴いていますね。
みなさんは、開いたりつぼんだりしている花を見たことはありますか？

POINT 幼児期の学びを踏まえた指導の工夫
幼児期の学びを生かして、自然に歌を口ずさんだり、曲に合わせて体を揺らしたりしながら曲想を感じ取っている姿を「本時のめあて」に結び付ける。

展開
気付いたことや感じ取ったことをもとに、体を動かしながら曲想を感じ取って歌う。

★今日は、開いたりつぼんだりする花の様子を思い浮かべながら歌いましょう。

花が開いたりつぼんだりする様子を思い浮かべながら歌おう。

★教師

★体を動かしながら花の様子を感じて歌っている人もいましたね。
いろいろな動きを試しながら歌ってみましょう。
- 手のひらで花をつくりながら歌ってみたいな。
- △△さんと◇◇さんが、ペアになって花をつくっているよ。

★楽しそうに歌っているね。友達のよいところを真似して歌ってみましょう。
- 今度は、グループになって聴き合いながら歌おうよ。
- つぼんだときには、みんなで真ん中に集まって小さな声で歌おうよ。

友達のよいところ真似して歌おう♫

●児童

POINT 幼児期の学びを踏まえた指導の工夫
幼児期に、手遊び歌やわらべうたなどの様々な歌を歌い、友達の声の出し方などよいところを真似して歌った経験から、よりよい歌唱表現の工夫について試行錯誤できる学び合いの場を設定する。

発展
開いたとき、つぼんだときの強弱の工夫について歌いながら考える。

★つぼんだときには、声の強さはどう工夫して歌っているの？
- つぼんだときには、声も弱くするといいよ。
- 弱いときには、そっと丁寧に歌うといいんじゃないかな。

★先生は、目をつぶって聴いてみるね。
みんな工夫が伝わるように、声の強さや弱さを工夫して歌ってみてね。

花がつぼむところはそっと歌いたいな♪

●児童

POINT 幼児期の学びを踏まえた指導の工夫
幼児期に伸び伸びと声を出し、遠くに届くような声で歌った経験と比較して、花がつぼんだ様子を表現しようと、弱く、丁寧な声で表現しようとしている姿を見取り、価値付けていく。

まとめ
本時の学習をまとめ、次の学習への見通しをもつ。

★教師

★今日は、みんなで「ひらいた ひらいた」の花の様子を思い浮かべながら歌ってみました。
どのような工夫をすることができましたか。歌った後は、どんな気持ちになりましたか。
- 丸くなって歌ってみたら、○○さんのきれいな声が聞こえてきたよ。
- つぼんだところは小さい輪になって歌ってみたら、声も小さくなって面白かった。

★開いているとき、つぼんでいるときの様子をうまく歌で表現することができましたね。

みんなで声の出し方を工夫してみたよ♪

●児童

59

幼児期の遊びを通した学び と 音楽科器楽 とのつながり

遊びを通した学び
園の夏祭りで…
「かっこいいな！ぼくもやってみたい！」「太鼓の音が私の体にも響いてくる！」 リズムに乗って力いっぱい叩いたり友達とタイミングを合わせたり交代したり。和太鼓の音色や響きから祭りの雰囲気を全身で感じ取っている。

主体的な学びを引き出す保育者の援助と環境の構成
地域の祭りや園行事等から得られる経験や感動は特別。季節を感じたり日本文化に触れたりする貴重な機会となります。幼児が感じたことを言葉で伝えたり、考えたことを体で表現したりする喜びや楽しさを味わえるよう、幼児の気付きをしっかり受け止めます。

遊びを通した学び
準備してきたお店がようやく完成！
「カラン♪カラン♪オープンしましたよ～！いらっしゃいませ～！」 部屋の入口でミュージックベルを鳴らす。楽器の音で、店員や客に開店を知らせる合図を出している。

主体的な学びを引き出す保育者の援助と環境の構成
幼児なりに楽器による音色や響きの違いを感じ取ったり、音の雰囲気やイメージを遊びとつなげたりできるよう、日頃から楽器に触れられるようにしています。「ミュージックベルの音で知らせたらどうかな」とそのような幼児の気付きを大切に、遊びに取り入れていきます。

遊びを通した学び
自分なりの方法で…
「みてみて！こんな音する！」「ぼくは、こうしてみた」「サンタさん、来そうだね！」 自分がつくった音、友達が鳴らす音への興味・関心が、好奇心や探究心につながっている。

遊びを通した学び
近所の高校生がクリスマスコンサートに…
「うわあ、大きなラッパ！」「さわってみたい！」 見たこともない楽器や聞きなれない音色にすっかり引き込まれ、興味・関心が一気に高まる。実際に触らせてもらい、感動が意欲につながっている。

主体的な学びを引き出す保育者の援助と環境の構成
小学生はもちろん、中高生や地域の方との交流も大事にしています。園外の人との交流は、本物や珍しいものと出会い、日頃味わえない体験ができる機会になります。人と関わる心地よさや憧れ、感謝する気持ちにもつながります。

遊びを通した学び
アフリカのダンスと太鼓に触れる異文化体験…
「こんな太鼓、初めて見た！」「手で叩くの？」 聴いたら自分もやってみたい！見よう見まねで鳴らした音から、見知らぬ国への興味や関心が高まっている。

遊びを通した学び
先生に読んでもらった絵本をきっかけに的あて鬼退治ゲームが始まり…**「大きな音が出たら勝ちね！」「さっきの方が大きかったよ！」** 音の違いに意識を傾け、音の大小や響き方を比べ合っている。

幼児教育を通して育まれた10の姿
- 言葉による伝え合い
- 思考力の芽生え
- 豊かな感性と表現

※これらの活動では他にも「社会生活との関わり」「健康な心と体」「協同性」などの姿も見てとれますが、ここではあえて「器楽」に深くつながるものだけを抜粋して記載しています。

小学校の各教科等における資質・能力とのつながり
- 音色に気を付けて演奏したり、友達と合わせて演奏したりする力
- 音の特徴を感じ取って表現を工夫し、どのように演奏するかについて思いをもつこと

| 題材名 | どんな音がするのかな | 【音楽科 器楽】とのつながり |

幼児期の遊びを通した学び

いろいろな楽器の音色に興味をもつ。
心地よい音色を意識して、楽器を鳴らす。

目標	(知識及び技能) 曲想と音楽の構造との関わりに気付くとともに、音楽表現を楽しむために必要な器楽の技能を身に付ける。
	(思考力、判断力、表現力等) 音色、呼びかけとこたえのよさなどや、曲想を感じ取って表現を工夫することができる。
	(学びに向かう力、人間性等) いろいろな打楽器の音色に関心をもち、友達と協働しながら音楽活動に取り組み、打楽器に親しむ。

| 学習計画 | ①(音楽づくり) 身の回りの音を探して音のスケッチをする。 | ②(器楽：本時)③④ いろいろな鳴らし方を試しながら、打楽器を演奏する。(トライアングル、タンブリン、すず、カスタネットなど。) | ⑤⑥(器楽) 星空を思い浮かべて「きらきらぼし」を楽器で演奏する。 |

※丸囲み数字は授業時数

【授業展開例】

導入

トライアングルの音色を聴いてクイズに取り組む。

★教師

★これからトライアングルを鳴らします。どのような音がするか聴いてみましょう。
(楽器を鳴らしているときの様子は見えないようにする。 ①響きを止めずに鳴らす
②響きを止めて鳴らす ③交互に響かせたり止めたりする ④トレモロ)
- 1番目の音は、ひもみたいなところを持って鳴らしているよ。
- 2番目の音は、楽器をつかんで音を止めているよ。
- 3番目の音は、ひもを持つ手を開いたり閉じたりしているよ。
- 4番目の音は、棒を細かく動かして鳴らしているよ。

聴いたことある！
私にもできそう♫

●児童

★トライアングルの音を聴いていろいろな鳴らし方をイメージすることができましたね。

POINT
幼児期の学びを踏まえた指導の工夫
音に関心をもたせる提示の仕方を工夫するとともに、幼児期に周囲のものを叩いて、音の高さを比べたり、響きの違いを感じたりしてきている。よい音を求めて自ら気付く感性を生かして、本時のねらいに結び付ける。

展開

いろいろなトライアングルの音の出し方を試す。

★どうすれば①〜④と同じ鳴らし方ができるか、実際に試してみましょう。

いろいろな　ならしかたを　ためしてみよう。

★ペアになってお互いに鳴らしたり聴いたりしながらやってみましょう。友達と試しながら、どのような鳴らし方をすると4つの音が出せるのか探してみましょう。
- 1番は、叩くところで音の鳴り方が変わるよ。
- 4番は、得意だよ。すごく速く鳴らすことができるよ。
- 3番は、楽器が回ってうまく鳴らせないよ。

どうすればくるくる
回らないのかな♫

●児童

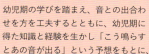

★先生の鳴らし方や動画を見ながら試してみましょう。
- ひものところをしっかりと持って鳴らしているね。
- 静かなところで聴きながら試してみたいな。
- くるくる回らないようにするのがコツだね。

POINT
幼児期の学びを踏まえた指導の工夫
幼児期の学びを踏まえ、音との出合わせ方を工夫するとともに、幼児期に得た知識と経験を生かし「こう鳴らすとあの音が出る」という予想をもとに、友達と試しながら、音色と鳴らし方との関わりに気付くようにする。

発展

「きらきら星」に合わせて、いろいろな楽器の鳴らし方を試す。

★教師

★①〜④の鳴らし方を生かして、「きらきら星」に合わせて演奏してみましょう。
- いろいろな音色があって面白いな。
- 手を開いたり閉じたりしてうまくコントロールできるようになったよ。
- ひもは短くしてトライアングルが回らないようにできたよ。

POINT
幼児期の学びを踏まえた指導の工夫
教師や友達の鳴らした音を聴く活動を通して、音を比べたり、気に入った音が出せるように挑戦したりと、一人一人の粘り強く取り組む姿を称賛する。

まとめ

本時の学習をまとめ、次時への見通しをもつ。

★みんなで探したコツをもとに、トライアングルのいろいろな鳴らし方を確認しましょう。
- いい音が出る部分を探して鳴らすといいよ。
- トライアングルがくるくる回らないようにしっかり持つのがコツだよ。
- 響く音とカチカチという音を組み合わせると、面白い演奏ができるよ。

よく響く
音が出せたよ♫

●児童

★見たり聴いたりしながら、実際に試すことでいろいろなトライアングルの音を出すことができましたね。

61

幼児期の遊びを通した学び と 音楽科 音楽づくり とのつながり

遊びを通した学び
周囲のものを叩いて遊んでいたら偶然気付いた音の響き…
「**たくさん並べたらどうなるかな？太鼓みたい！**」身の回りには、似ている音、面白い音、不思議な音、心地よい音…いろいろな音がたくさん。幼児はそれを「見付ける」名人！

主体的な学びを引き出す保育者の援助と環境の構成
幼児の興味・関心や気付きや思いを大事にし、自分なりのタイミングで試したり新たに気付いたり感じ取ったりしている姿を見守ります。幼児が始めた遊びとその時期に経験してほしいことがつながるように、楽しんでいることに合わせて素材を用意したり、声を掛けたりします。

遊びを通した学び
楽器づくり…
「**見て！ギターだよ**」「**ぼくは太鼓！**」楽器の形や音の特徴をもとに、材料やその組み合わせ方、何を使って貼り合わせるかなど、これまでの知識と経験を生かし工夫しながら、自分で考えてつくっている。

主体的な学びを引き出す保育者の援助と環境の構成
幼児が捉えている楽器の形や音などの特徴を、その幼児なりのイメージで表現できるように手助けします。日頃から廃材集めをしたり、遊びの様子を見ながら図鑑や実物を用意したりして、選んだり試したり確認したりできるようにしています。

遊びを通した学び
雨の園庭で傘を差し…「**雨の音がする！**」**ぽつん、ぽつん、**傘をはじく雨音を傘から伝わる振動とともに感じている。幼児は諸感覚を働かせ、心と体で自然の中にある音の面白さを感じ取っている。

遊びを通した学び
年長さんがつくってくれたマラカス…
「**ぼくと○○ちゃんの音、全然違う！**」「**どんぐりの音はコトコトだ！**」比べ合いながら容器の種類や振り方による音の違いを発見している。幼児は「気付く」名人。

主体的な学びを引き出す保育者の援助と環境の構成
廃材や季節の自然物を使って音遊びを楽しむことができるように、発達段階や時期に応じて材料を用意し、幼児の気付きや発見の喜びを支えます。オノマトペでの表現により、音の違いへの関心や言葉で表す楽しさにもつなげています。

遊びを通した学び
両手で「**パンパン！**」、足踏み「**どんどん！**」、おなかを叩いて「**ぽんぽこぽん！**」、自分の体も立派な楽器！特徴に合わせ、動作や力加減を考えたり、先生の真似（模倣）や繰り返したりすることを楽しんでいる。

遊びを通した学び
容器に水を入れたり出したり…
「**ねえ、聞いて！水が出てくるときの音、面白いよ！**」「**ほんとだ！ぼくは振ってみたよ！**」気付いた音を伝え合いながら、いろいろな音をつくりだす。

幼児教育を通して育まれた10の姿

- 自然との関わり・生命尊重
- 言葉による伝え合い
- 豊かな感性と表現

※これらの活動では他にも「思考力の芽生え」「自立心」などの姿も見てとれますが、ここではあえて「音楽づくり」に深くつながるものだけを抜粋して記載しています。

小学校の各教科等における資質・能力とのつながり

- 身の回りにある音や素材から、自分の好きな音を見付けたり、つくったりして表現する力
- 音遊びを通して、身の回りの様々な音の特徴に気付き、音楽づくりの発想を得ること

| 題材名 | つなげて まねして あそぼう 【音楽科 音楽づくり】とのつながり |

幼児期の遊びを通した学び
身の回りの自分の好きな音を見付け、素材を生かして楽器をつくる。
自然の中の音や、偶然見付けた音の面白さに気付く。

目標	（知識及び技能）声や身の回りの音などの特徴に気付き、音楽表現を楽しむために必要な音楽づくりの技能を身に付ける。
	（思考力、判断力、表現力等）拍やリズムを感じ取り思いをもったり、音楽づくりの発想を得る。
	（学びに向かう力、人間性等）楽しく音楽に関わり、友達と協働しながら音楽活動に取り組み、歌で呼びかけ合う楽しさを味わう。

| 学習計画 | ①②（歌唱）「アルプス一万尺」「なべなべ」など、わらべうたを歌いながら、声や動きを合わせて遊ぶ。 | ③④（歌唱・音楽づくり）「やまびこさん」を歌いながら、強弱を工夫し呼びかけ遊びを行う。 | ⑤⑥（本時：音楽づくり）拍に合わせて、友達と言葉をつなげて、歌でお話をして遊ぶ。 |

※丸囲み数字は授業時数

【授業展開例】

導入
わらべうたや「やまびこさん」のように歌で呼びかけ合う楽しさを感じ取る。

★友達の声や体の動きを真似したり、合わせたりして、わらべうたや「やまびこさん」が上手に歌えるようになりましたね。今日は、先生や友達の真似をしながら歌でお話をしてみましょう。
●わらべうたや、やまびこごっこは楽しかったな。

　　　うたで おはなしを してみよう。

POINT 幼児期の学びを踏まえた指導の工夫
幼児期にしていた手拍子やボディパーカッション等の経験を生かして、常時活動の中でリズムを真似たり、自分の好きな音、心地よい音に気付いたりするようにして、本時への学習に結び付ける。

展開
先生や友達の言葉を真似しながら歌う。

★先生の言葉を真似してみてね。
★みなさん　●（全員で）みなさん
★こんにちは　●（全員で）こんにちは
★なにがすき　●（全員で）なにがすき
★りんご　●（全員で）りんご

自分の好きな音にしたいな♪

★今度は友達同士で、真似をしながら歌でお話をしてみましょう。自由に場所を使っていいですよ。

POINT 幼児期の学びを踏まえた指導の工夫
幼児期に諸感覚を使って様々な遊びに取り組んできた経験を生かして、先生の発する言葉や、声の音色やリズムを聴き取り、面白さを感じながら真似しようとしている姿を称賛する。

発展
言葉を真似たり、お話をつなげたりしながら楽しむ。

★今度は、先生が呼びかけるので、それにこたえてみましょう。やってみますね。
★○○さん　●はあい
★あそびましょう　●いいですよ

★○○さん　●はあい
★なにが好き　●くるま

うまくつながったら嬉しいな♫

…4分音符
●…4分休符
◆…拍

友達を真似て
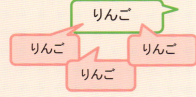

友達とつなげて

○○さん
なんですか
うたいましょう
そうしましょう

POINT 幼児期の学びを踏まえた指導の工夫
幼児期に自ら気付き、好きなものを見付ける活動に取り組んだ経験を生かし、自分の思いや考えを表現することができるように、伝えたい言葉やリズムをカードを用いて可視化する。

まとめ
本時の学習をまとめ、次の学習への見通しをもつ。

★今日は、先生や友達の言葉を真似たり、ペアになってお話をつなげたりしながら歌でお話をしました。楽しかったことを教えてください。
●友達と続けて歌うことができて嬉しかった。
●どんどん歌でお話がつながって楽しかった。

歌でお話をもっと続けたいな♫

★どんどんお話がつながって歌でお話をすることが楽しくできましたね。

63

幼児期の遊びを通した学び と 音楽科鑑賞 とのつながり

遊びを通した学び
BGMで本物気分！
「**見て、私たち本物のアイドルで〜す！**」「なりたいもの」に近付くように友達と考えやイメージを伝え合い、動きを考えたり、衣装をつくったりすることで本物になりきる楽しさを味わっている。

主体的な学びを引き出す保育者の援助と環境の構成
幼児の興味・関心や遊びの様子に合わせて音楽を用意します。BGMにより雰囲気や気分も変わり、新たな試行錯誤も生まれます。音楽は常に流すのではなく、機器には「さいせい」「ていし」等の印を付け、必要なときに幼児が自分たちで準備して操作したり、使いたい音楽を流したり、他の曲をかけたりすることができるようにしています。

遊びを通した学び
準備運動や体操は、音楽に合わせて…
「**ワン・ツー・スリー・フォー！**」リズムに乗りながら体を動かすこと、音に合わせて友達と両手タッチのタイミングが合うこと、みんなの掛け声がそろうこと…様々な楽しさ、心地よさを感じ取っている。

主体的な学びを引き出す保育者の援助と環境の構成
幼児は体を動かすことが大好きで、好きなことは自分からどんどんやりたがります。友達と動きや掛け声がそろうことの心地よさを感じ取ると、繰り返し楽しみます。心と体を解放して楽しめるよう、興味や時期に合わせて選曲しています。

遊びを通した学び
園から見える電車や踏切をつくって
「**間もなく電車が通ります！**」カンカンカンカン…先生が流してくれる効果音により、遊びの世界やイメージが一層広がる。

遊びを通した学び
音楽を聴きながら…
「♪…**魔女はだれ？**」リズムや速度、調の変化を感じ取りながら友達とのやり取りを通して、スリル感を味わったり臨機応変に行動する面白さを楽しんだりしている。

主体的な学びを引き出す保育者の援助と環境の構成
歌を聴きながらストーリーをイメージし、遊び歌本来の楽しさにつながるよう、ルールを確認したり工夫した動きを紹介したりします。広さによって動きや運動量も変わるので、時期やねらいに応じて活動場所を工夫しています。

遊びを通した学び
優しくトントンされながら…
「**先生の声安心する…zzz**」楽しかった今日の遊びを思い浮かべながら続きは夢の世界で…先生が歌う子守歌やオルゴールのBGMで昼寝タイム…。

遊びを通した学び
年長さんのショータイム…
音楽に合わせてリズミカルに踊ってみせる5歳児。4歳児は、その姿に憧れの気持ちを抱いたり、曲や衣装などに興味・関心をもって真似したくなったりして「**すてき！私もやってみたい！**」と声を上げている。

幼児教育を通して育まれた10の姿

- 健康な心と体
- 思考力の芽生え
- 豊かな感性と表現

※これらの活動では他にも「協同性」「言葉による伝え合い」などの姿も見てとれますが、ここではあえて「鑑賞」に深くつながるものだけを抜粋して記載しています。

小学校の各教科等における資質・能力とのつながり

- 曲や演奏の楽しさを見いだし、曲全体を味わって聴く力
- 音や音楽に関心をもち、音や音楽に合わせて体を動かしながら、体全体で音楽を楽しむこと

| 題材名 | ばめんを そうぞうし きこう | 【音楽科 鑑賞】とのつながり |

幼児期の遊びを通した学び
人やものになりきって、想像したり、イメージを広げたりして楽しむ。
音楽に合わせてのびのびと体を動かし、運動する。

目標	(知識及び技能)	曲想と音楽の構造との関わりに気付くことができる。
	(思考力、判断力、表現力等)	鑑賞についての知識を得たり生かしたりしながら、曲や演奏の楽しさを見いだし、味わって聴くことができる。
	(学びに向かう力、人間性等)	楽しく音楽に関わり、友達と協働しながら音楽活動に取り組み、想像しながら聞く楽しさを味わう。

学習計画
①（歌唱）互いの歌声を聴き合いながら「アイアイ」を歌う。
② ③（鑑賞：本時）こねこが楽しく踊る様子を想像しながら、お話を考え「おどるこねこ」を聴く。

※丸囲み数字は授業時数

【授業展開例】

導入
ねこや犬の様子を想像しながら「おどるこねこ」を聴く。

●教師

★どんな動物が出てくるでしょう。（クイズ、部分鑑賞を取り入れてもよい。）
　●ねこの鳴き声みたいなものが聞こえるよ。
　●犬が吠えているみたいだよ。
★これから聴く曲は、アンダソンがつくった「おどるこねこ」という曲です。
　出てくるねこは、どんなねこなのかな。想像しながら聴いてみましょう。
　●踊ることが好きなねこかな。
　●音楽が好きなねこかな。
　●いたずらっこなねこかな。最後は犬に吠えられるから。
★いろいろ考えながら聴いていますね。
　みんなの考えを生かして、お話をつくってみましょう。

動物になりきって聴いてみたいな♪
●児童

POINT
幼児期の学びを踏まえた指導の工夫
幼児期の学びを生かして、動物の鳴きまねクイズをしたり、ねこや犬の鳴き声がする部分の演奏を聴かせたりすることで「本時のめあて」に結び付ける。

展開
音楽を聴いて、簡単なお話をつくって友達と話し合う。

こねこのおはなしをつくって、たのしくきこう。

（「はじめ・なか・おわり」と板書、ペープサート等の活用、タイムバーの表示）
★曲の「はじめ」のときの、こねこは何をしているのかな。
　●遊ぶことが好きなこねこは、「はじめ」は音楽に合わせて楽しそうに踊っている。
　●こねこの友達がいて、じゃれ合って転がっている。

★曲の「なか」のときの、こねこの様子はどうでしたか。
　●面白いものを見付けて、こねこが追いかけているみたい。
　●何かにじゃれているのかな。

★曲の「おわり」は、何が起きますか。
　●犬がこねこを見付けてワンワンと吠えている。
　●犬が吠えたときに、こねこたちはすごくびっくりしているはずだよ。
　●びっくりして、こねこは遠くに逃げちゃったみたい。

いろいろなお話が思い浮かぶね♪
●児童

POINT
幼児期の学びを踏まえた指導の工夫
ねこや犬と遊んだり、自然の中で鳥の声を聞いたりした体験を思い起こし、こねこが踊っている様子やじゃれ合っている様子を思い浮かべ、音楽と関連付ける。

POINT
幼児期の学びを踏まえた指導の工夫
子供がつくったお話を板書して、可視化することで、聴いて感じたことを動きにして表現するときの手掛かり（キーワード）にする。

発展
お話をして考えたことを、体やペープサートの動きで表現しながら聴く。

こねこがジャンプしているように感じたよ♪
●児童

★みんなが想像したのは、どんなこねこなのかな。みんなが考えるこねこの様子をペープサートや体の動きで表現してみましょう。
　●じゃれ合っているところを友達とやってみたいな。
　●踊ることが好きなこねこだから、くるくる回ってみたよ。

POINT
幼児期の学びを踏まえた指導の工夫
幼児期の学びを生かして、ねこや犬の様子を動きにして、音楽を聴いて感じ取ったことを表現できるようにする。その際、音楽と一体感を味わいながら想像力を働かせて聴いている姿を価値付けていく。

まとめ
本時の学習をまとめ、次の学習への見通しをもつ。

●教師

★今日は、アンダソンの「おどるこねこ」を聴いてみました。
　この曲の気に入ったところは、どのようなところでしたか。
　●楽しく踊っていたのに、急に犬が吠えて逃げていくところが面白かった。
　●こねこが遊ぶ様子が音楽と合っていて気に入りました。

みんなの気に入ったところが分かったよ♪
●児童

図画工作科

担当者からのメッセージ

お話 ▶

愛媛大学教育学部附属幼稚園
村上 香織先生

／

愛媛県教育委員会義務教育課
赤松 彩子先生

図画工作科の特徴

　図画工作科は、表現及び鑑賞の活動を通して「造形的な見方・考え方」を働かせ、生活や社会の中の形や色などと豊かに関わる資質・能力を育む教科です。

　図画工作科の学習では、児童一人一人の創造性を大切にし、造形的な創造活動を目指しています。「造形的な見方・考え方」とは、「感性や想像力を働かせ、対象や事象を、形や色などの造形的な視点で捉え、自分のイメージをもちながら意味や価値をつくりだすこと」です。感性や想像力は、創造性を育む重要なものと言えます。形や色などの造形的な視点は、図画工作科ならではの視点です。児童が活動や作品をつくりだすことは、自分にとっての意味や価値をつくりだすことであり、同時に自分自身をもつくりだしていることであるという、図画工作科で大切にしていることも示しています。

　児童は幼児期から遊びの中で自分の感覚や行為を手掛かりに、身近な人やもの、自然などの環境に自分から働きかけたり、働きかけられたりしながら学んできています。小学校においても、幼児期の学びを踏まえ、児童に本来備わっている資質・能力を一層伸ばしていくことが大切です。

幼児期の遊びを通した学び

　心を動かす出来事などに触れて感性を働かせる中で、様々な材料の特徴や表現の仕方に気付き、感じたことや考えたことを自分なりに表現したり、友達同士で表現する過程を楽しんだりし、表現する喜びを味わい、意欲をもつようになります。

具体的には…

● 砂や水、草花などの身近な自然に全身で関わり、感触の心地よさや思い通りに形をつくる楽しさを味わっている

● イメージしたことを実現するために、自分で箱やカップなどの材料を選んで組み合わせたり、絵や文字をかいたりして、表現することに満足感を味わっている

● 作成物を使って遊ぶ中で、なりきる楽しさや友達とつながる喜びを味わっている

● 友達と一緒につくったり、表現したものを見せ合ったりすることで、自他の表現のよさに気付いたり、もっと表現したいという意欲をもったりする

図画工作科

Contents

「幼児期の遊びを通した学び」と「図画工作科」とのつながり

造形遊びをする活動とのつながり 68

[題材名] **つちねんどはともだち**

絵に表す活動とのつながり 70

[題材名] **えをかくって、たのしいな**

立体に表す活動とのつながり 72

[題材名] **はこがだいへんしん！**

工作に表す活動とのつながり 74

[題材名] **ぱたぱた、ちょきん！すてきなかざり**

幼児期の遊びを通した学び と 図画工作科 造形遊びをする活動 とのつながり

遊びを通した学び
砂場で工事中…
「長い川をつくるには、ここを掘ればいいね」 と火山や川ができるイメージをもって掘り進めようとしている。

主体的な学びを引き出す保育者の援助と環境の構成
幼児一人一人の話をよく聞き、表現したいもののイメージを共感的に受け止めます。幼児が友達と協力しながら、イメージしたことが形になっていく喜びを味わうことができるよう、保育者はイメージをつないだり、仲間の一員として活動したりします。

遊びを通した学び
砂場に水を貯めて…
「水を入れると、掘るのが大変だな」 と水と砂が混ざると、重くなることに気付いている。

主体的な学びを引き出す保育者の援助と環境の構成
砂場に水を入れやすいように、といやパイプ、バケツを用意します。幼児のつぶやきを捉えて、気付きや疑問を一緒に確かめることが、砂や水のずっしりとした重さや感触、砂・水の性質などに実感を伴って気付くことにつながっていきます。

遊びを通した学び
雪が積もった日…
「雪をぎゅっとしたら、恐竜ができたよ」 と雪を固めてできた形をもとにイメージを膨らませている。

遊びを通した学び
紙コップを積み上げて…
「もっともっと高くしよう」 と同じ形の紙コップをどんどん積んでいく楽しさを感じている。

主体的な学びを引き出す保育者の援助と環境の構成
紙コップのように、扱いやすく同じ形のものを多数用意し、幼児がそのものとじっくりと関わっている様子を見守ります。ものの特性を捉え、どんどん並べたり、重ねたりする遊びを思い付き、楽しんでいることに、共感します。

遊びを通した学び
泥団子づくり…
「こっちの砂の方がつるつるになるよ」 と固まりやすい砂や土の種類や触った感じの違いに気付いている。

遊びを通した学び
油粘土で…
「細長くしたら、ヘビができた」 と偶然できた細長い粘土を見て、想像している。

幼児教育を通して育まれた10の姿
- 豊かな感性と表現
- 思考力の芽生え

※これらの活動では他にも「自立心」「協同性」「言葉による伝え合い」などの姿も見てとれますが、ここではあえて「造形遊びをする活動」に深くつながるものだけを抜粋して記載しています。

小学校の各教科等における資質・能力とのつながり
- 自分の感覚や行為を通して形や色などに気付き、手や体全体の感覚などを働かせ、材料や用具を使い、活動を工夫してつくる力
- 造形的な面白さや楽しさなどについて考え、楽しく発想や構想をしたり、造形的な活動から自分の見方や感じ方を広げたりする力
- 楽しく表現したり鑑賞したりする活動に取り組み、つくりだす喜びを味わうとともに、形や色などに関わり楽しい生活を創造しようとする力

| 題材名 | つちねんどはともだち | 【図画工作科 造形遊びをする活動】とのつながり |

幼児期の遊びを通した学び

粘土に積極的に関わる中で、粘土の性質を感じ取り、気付いたことをもとに、できることを考えたり、工夫して表したりするなど、多様な関わりを楽しむ。

目標
- （知識及び技能）土粘土に体全体で関わり、いろいろな形や色、触った感じなどに気付き、活動を工夫してつくる。
- （思考力、判断力、表現力等）土粘土の形や触った感じなどをもとに、自分のイメージをもちながら、造形的な活動を思い付き、どのように活動するか考える。
- （学びに向かう力、人間性等）楽しく粘土を使って造形遊びをする活動に取り組み、つくりだす喜びを味わうとともに、形や色などに関わり、楽しい生活を創造しようとする。

学習計画
①②（本時）
土粘土に十分に慣れ、手や体全体の感覚を働かせて活動を工夫してつくる。
土粘土で試してできたことを学級全体で共有し、活動を振り返る。

※丸囲み数字は授業時数

【授業展開例】

つかむ
幼児期の学びを振り返りながら、土粘土を使った経験について話し合う。

★教師
- ★今までに、園では、粘土を使ってどんなことをして遊びましたか？
  - ●油粘土でごちそうをつくったよ。
  - ●へびをつくったよ。
- ★今日は、土粘土にいっぱい触れて、土粘土と仲よくなりましょう。

●児童

POINT 幼児期の学びを踏まえた指導の工夫
幼児期の様々な経験を引き出し、活動に自分なりに見通しをもてるようにするとともに、土粘土の感触や手応えを味わいながら自分で試せるよう、十分に活動の時間を保障する。

表現する
土粘土を使って、やってみたいことを試しながら活動をつくる。

> つちねんどで どんなことができるかな。

★いろいろなことを試して、どんなことができたか教えてくださいね。

- ●土粘土のかたまり、ひんやりしてるし、重たいよ。力持ちになるね。
- ★本当ですね。両手に乗せると、ずっしりして、手のひらに冷たさが伝わります。
  - ●先生、見て！ つかんだら、グニャッとなったよ。
- ★土粘土のかたまりが、一気に変身しましたね。
  - ●ぼくが体重全部で押しても、ペチャンコにはならないな。
  - ●指でグッとすると、ほら、穴がいっぱいできるよ！
  - ●雑巾みたいにねじったら、簡単にちぎれたよ。
- ★押したり、ちぎったり、土粘土でいろいろなことができますね。

●児童

POINT 幼児期の学びを踏まえた指導の工夫
幼児期の学びを生かして一人一人が試していることを、擬態語や擬音語なども含めたその子なりの言葉で引き出すとともに、共感したり周りの子供へ伝えたりして、さらに試みることができるような働きかけをする。

- ●お団子をつくっているの。先生と友達の分、つくるよ。
- ★たくさんできましたね。どうやったのかな？
  - ●両手でコロコロしたら、できるのよ。
  - ●私は、パスタをつくっているの。
- ★とても細長いですね。
  - ●あのね、粘土板の上で、手のひらで転がしたらできるよ。

どんどん細く長くなるよ！

★教師

- ●積んだら、高くなったよ！ もっと高くしよう！
- ★粘土は重たいって友達が発見していました。安全第一でお願いします。
  - ●じゃあ、ぼくが押さえておくね。
- ★力を合わせたら、もっと高くできそうですね。
  - ●細くしたら、折れそうだね。太いまま、積んでいこう。

●児童

POINT 幼児期の学びを踏まえた指導の工夫
子供の思いや活動の状況に応じて友達と共同して取り組めるように場を設定するとともに、友達の表現や考えなどに触れ、そのよさを感じられるようにする。

- ●水が付いた手で触ったら、ぬるぬるしてきたよ。
- ●色が白っぽくてカフェオレみたい。
- ★水を使うと、感じが変わりますね。

振り返る
土粘土で試してできたことを学級全体で話し合い、活動を振り返る。

★今日は、土粘土でどんなことができましたか。
- ●最初は重くて硬いけれど、ねじったり伸ばしたりできたよ。
- ●水を塗ると、溶けてくるよ。
- ●途中で、乾いて色が変わったところがあったよ。
- ●粘土板からはみ出るくらい、すごく細長い形ができたよ。
- ●友達と高く積んで、楽しかったよ。

●児童

★丸めたり、積んだりしていろいろな形にするなど、土粘土で、面白いことができましたね。

POINT 幼児期の学びを踏まえた指導の工夫
一人一人がこだわっている形を捉え、造形的な視点と結び付けて学級全体で共有していくことで、自分の見方や感じ方を広げられるようにする。

69

幼児期の遊びを通した学び と 図画工作科 絵に表す活動 とのつながり

遊びを通した学び
電車づくり…
「ハートを赤色でかこう！」 と段ボールでつくった電車に、自分の好きな絵を好きな色でかいている。

主体的な学びを引き出す保育者の援助と環境の構成
幼児が自分の好きなものを自由にかくことができる段ボールを準備し、一人一人が様々に表現する姿を見守ります。個々の表現に、共感する声掛けをすることで、表現する楽しさを味わうことにつながります。

遊びを通した学び
お絵かき…
「私は、ねこをかいたよ」 と友達に絵を見せながら好きなものをどんどんかいている。

主体的な学びを引き出す保育者の援助と環境の構成
友達の表現に触れるきっかけが生まれそうな場面を捉えて、つなげることで、自他の表現のよさや面白さに気付くことが期待できます。

遊びを通した学び
破れた白い紙を見て **「おばけになった！」** と形や色から想像し、目や口をかいたり貼ったりしている。

遊びを通した学び
恐竜博物館づくり…
「どんどん恐竜を増やそう！」 と好きな恐竜の絵をかいたり、色を塗ったりして、たくさんの恐竜をつくって準備をしている。

主体的な学びを引き出す保育者の援助と環境の構成
恐竜が好きな幼児のアイデアを生かして、表現したいことが表せるように材料や用具を準備し、様々な表し方の工夫を試せるようにします。共通の目的をもってつくる幼児同士をつないだり、見守ったりします。

遊びを通した学び
ホテルごっこ…
「ここは、ねずみの部屋ね」 と動物の名前と絵をかいて部屋に表示し、お客さんに分かるように工夫している。

遊びを通した学び
赤い絵の具で手形のスタンプをして、**「カニみたいだから、目をかこう」** とスタンプ遊びの形や色から身近な生き物を想像している。

幼児教育を通して育まれた10の姿

● 豊かな感性と表現　　● 協同性

※これらの活動では他にも「自立心」「言葉による伝え合い」などの姿も見てとれますが、ここではあえて「絵に表す活動」に深くつながるものだけを抜粋して記載しています。

小学校の各教科等における資質・能力とのつながり

● 自分の感覚や行為を通して形や色などに気付き、手や体全体の感覚などを働かせ、材料や用具を使い、表し方を工夫して表す力
● 造形的な面白さや楽しさ、表したいこと、表し方などについて考え、楽しく発想や構想をしたり、作品などから自分の見方や感じ方を広げたりする力
● 楽しく表現したり鑑賞したりする活動に取り組み、つくりだす喜びを味わうとともに、形や色などに関わり楽しい生活を創造しようとする力

| 題材名 | えをかくって、たのしいな | 【図画工作科 絵に表す活動】とのつながり |

幼児期の遊びを通した学び
感じたり、考えたりしたことを、形や色などを仲立ちにするなどして、自分なりの方法で表現する。線をかきながら、その内容に関連したイメージを言葉や動作で表現する。

目標
- （知識及び技能）感じたり、考えたりしたことをもとに、絵にかくときの感覚や行為を通して、いろいろな形や色などに気付き、クレヨンやパスを使って、表したいことをもとに工夫して表す。
- （思考力，判断力，表現力等）感じたり、考えたりしたことなどをもとに自分のイメージをもち、表したいことを見付け、どのように表すかを考える。
- （学びに向かう力，人間性等）楽しく好きなことを絵に表す活動に取り組み、つくりだす喜びを味わうとともに、形や色などに関わり、楽しい生活を創造しようとする。

学習計画
①②（本時）
感じたり、考えたりしたことなどをもとに、クレヨンやパスで自分が好きなことを絵に表す。
絵に表したものを、友達と紹介し合ったり、友達の絵のよいところを話したりして、作品を鑑賞することを楽しむ。

※丸囲み数字は授業時数

【授業展開例】

つかむ
クレヨンやパスに触れながら、表したいことを見付ける。

★教師
- ★クレヨンやパスを使ったことがありますか。
  - ●幼稚園のとき、使ったよ。
  - ●保育園で、家の人の似顔絵をかいたよ。
- ★いろいろな色がありますね。今日は好きなものをクレヨンでかいていきましょう。かきたいものが見付かるかな。
  - ●赤で丸をかいて、リンゴができたよ。
  - ●長く伸ばしていったら、ジグザグの線がかけたよ。
  - ●ロケットをかきたいな。

●児童

POINT　幼児期の学びを踏まえた指導の工夫
一人一人の経験や、かいてみたい思いを受け止め、クレヨンやパスに触れながら、表したいものが見付かるように、活動に誘う。

表現する
感じたり、考えたりしたことなどをもとに、クレヨンやパスを使って絵に表す。

すきなものや かきたいものを たのしく かこう。

★教師
- ★好きなものを、絵にかいて教えてくださいね。
  - ●虫の絵が得意だよ。カブトムシをかくよ。
  - ●休み時間に友達とブランコをしたことをかこうかな。
- ★材料コーナーに、大きさや形が違う紙をたくさん用意しています。今日は、どんどんかいて、教えてくださいね。
  - ●長い四角の紙があるよ。電車みたいだな。
  - ●一番大きい紙にしよう。でっかいゾウをかくよ。
  - ●長細い紙があるな。ヘビがかけそうだな。

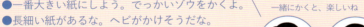
一緒にかくと、楽しいね　●児童　●児童

- ●〇〇さんのお花、かわいいね。私もかきたいな。
- ●かいてみて！できたら、一緒に並べよう！
- ★いいですね。〇〇さんの赤い花と△△さんのピンクの花が並んで、すてきです。
  - ●ねえ、〇〇さん、もっと増やして、お花屋さんにしない？
  - ●△△さん、それいいね、いっぱいかこう！

POINT　幼児期の学びを踏まえた指導の工夫
紙の形からイメージをもち、絵に表したり、かきたい気持ちに合わせて個に応じて活動を進めたりできるように、大きさや形が異なる紙をたくさん用意し、楽しく取り組めるような環境を整える。

POINT　幼児期の学びを踏まえた指導の工夫
一緒に活動する姿を捉えたときには、それぞれの表現のよさを認めるとともに、互いによさを取り入れたり、一緒に新たな表現を考えたりする姿に共感し、一人一人が活動をつくりだしている実感がもてるようにする。

鑑賞する
絵を友達と紹介し合ったり、友達の絵のよいところを話したりする。

★教師
- ★絵を友達と紹介し合ってみましょう。いいなと思ったところも、伝えてくださいね。
  - ●□□さんの絵、いろんな色の線があって、電車の地図みたいだね。
  - ●迷路をかいたんだけど、確かに地図にも見えるね！
- ★迷路なんですね。どこがスタートなのかな。
  - ●ここからスタートして、こっちへ進んで、ここは行き止まりだよ。
  - ●カラフルな迷路で、楽しいね。

●児童

言葉で聞くと、もっと楽しくなったね

- ●私は、ねこをかきました。
- ●黄色と茶色の模様があるね。

●児童

- ★ねこが好きなの？
  - ●はい！家で飼っているねこです。この模様があります。
  - ●こっちをじっと見ていて、かわいいね。抱っこしてみたいな。

POINT　幼児期の学びを踏まえた指導の工夫
かきたい思いが高まっているのに、一律に鑑賞を行い、活動を中断することがないように、状況に応じて、小グループや全体など、伝え合いのきっかけをつくる。言葉を付け加えたり、新たな言葉を引き出したりして、思いを伝え合えるようにする。

表現する
感じたり、考えたりしたことなどをもとに、クレヨンやパスを使って絵に表す。

- ●もっとかきたいな。
- ★友達と絵を紹介し合ったら、新しいアイデアが浮かんできた人もいますね。かいたら、先生にも教えてくださいね。

幼児期の遊びを通した学び と 図画工作科 立体に表す活動 とのつながり

遊びを通した学び
大型積み木で…
「いろんな形の積み木を使ったら王様の椅子ができた」と友達と試しながら積み木を組み合わせ、イメージしたものを形にしている。

主体的な学びを引き出す保育者の援助と環境の構成
様々な形や適切な数の積み木を用意し、並べたり積んだりすることを試すことができる時間と広い場を保障します。保育者が対話しながらイメージを引き出すことで、つくりたい意欲をさらにもったり、友達と協力してつくったりすることにつながっていきます。

遊びを通した学び
砂・水・木の実を使って…
「いちごジュースとケーキのセットをつくるね」と身の回りにあるものの形や性質などを生かして本物らしい料理をつくっている。

主体的な学びを引き出す保育者の援助と環境の構成
砂や水、季節の木の実などの自然物に触れ、その形や手触りなどから得た感覚を生かして活動できるようにし、身の回りの様々な素材や材料、用具等を扱う楽しさや面白さを味わえるようにします。

遊びを通した学び
秋の木の実を使って…
「かわいいどんぐりケーキができた！」といろいろな色や形、大きさの木の実の中から選んでつくっている。

遊びを通した学び
カメラで「はいポーズ」…
「ペットボトルキャップがボタンになったよ」と、それぞれ身近な材料の形や色の特徴を捉え、組み合わせてつくっている。

主体的な学びを引き出す保育者の援助と環境の構成
幼児が自由に材料を選ぶことができる身近な材料のコーナーを常設し、材料からイメージしたり、つくりたいもののイメージを実現したりできるようにしています。必要に応じてアイデアを出したり手を添えたりして、一緒に製作します。

遊びを通した学び
段ボールで車づくり…
「ハンドルは、この形。ナンバーは赤色がいいな！」と形や色にこだわってつくっている。

遊びを通した学び
大好きな電車づくり…
「4両の電車ができた！」と空き箱や空き容器を組み合わせながら、車両をつないでつくっている。

幼児教育を通して育まれた10の姿
- 豊かな感性と表現
- 思考力の芽生え
- 数量や図形、標識や文字などへの関心・感覚

※これらの活動では他にも「自立心」「協同性」「言葉による伝え合い」などの姿も見てとれますが、ここではあえて「立体に表す活動」に深くつながるものだけを抜粋して記載しています。

小学校の各教科等における資質・能力とのつながり
- 自分の感覚や行為を通して形や色などに気付き、手や体全体の感覚などを働かせ、材料や用具を使い、表し方を工夫して表す力
- 造形的な面白さや楽しさ、表したいこと、表し方などについて考え、楽しく発想や構想をしたり、作品などから自分の見方や感じ方を広げたりする力
- 楽しく表現したり鑑賞したりする活動に取り組み、つくりだす喜びを味わうとともに、形や色などに関わり楽しい生活を創造しようとする力

| 題材名 | はこがだいへんしん！ | 【図画工作科 立体に表す活動】とのつながり |

幼児期の遊びを通した学び

空き箱の形や大きさ、長さなどを大まかに捉え、自分のイメージに合わせて選び、形の特徴を生かして様々に組み合わせながら、考えたものをつくり上げていく。

目標	（知識及び技能）	箱の形や色を生かしたり、積んだり並べたりして思い付いたものを表すときの感覚や行為を通して、いろいろな形や色などに気付き、表したいことをもとに工夫して表す。
	（思考力，判断力，表現力等）	箱の形や色などをもとに自分のイメージをもち、積んだり並べたりして感じたこと、想像したことから、表したいことを見付け、どのように表すかを考える。
	（学びに向かう力，人間性等）	楽しく箱を使って立体に表す活動に取り組み、つくりだす喜びを味わうとともに、形や色などに関わり、楽しい生活を創造しようとする。
学習計画	①（本時）様々な箱を積んだり、並べたり、つなげたりする活動を楽しみながら、表したいことを見付ける。	②③④ 自分の表したいことに合わせて、はさみ、テープ、接着剤などを用いて、箱の積み方やつなぎ方、立たせ方を試しながら、表し方を工夫して表す。友達と作品の形や色の楽しさや面白さを伝え合う。

※丸囲み数字は授業時数

【授業展開例】

つかむ
幼児期の学びを振り返りながら、箱を積んだり並べたりする活動に見通しをもつ。

★教師

★箱を積んだり、並べたりしたことはありますか。
●つなげて電車に変身させて、遊んだことがあるよ。
★こんな風に積んだり、並べたりすることもできそうですね。
●縦に積むと、背が高くなって、キリンみたい。
●もっとたくさんの箱を使ってみたいな。
★今日は、自分が持ってきたものや、材料コーナーの箱を使ってみましょう。

●児童

POINT 幼児期の学びを踏まえた指導の工夫

幼児期に積み木やブロックなどで遊んだ経験を踏まえ、活動に見通しをもてるようにするとともに、試したいことを自分で選択できるよう、事前に様々な箱を集めておいて、自由に使える材料コーナーを設置するなど環境を整える。

表現する
様々な箱を積んだり、並べたりしながら、表したいことを考える。

はこが なにに へんしんするのかな？

★教師

★箱を積んだり、並べたりして、いろいろなものに変身させてくださいね。
●ふたが開くと、口みたい。
●薄い箱は、飛行機の羽になりそう。
●筒を使うと、タイヤができそうだね。
★うまく立たなくて困っているようですね。どうしたらしっかり立つのでしょう？
●足に、同じ箱を使ったらどうかな。
●そうか！ 材料コーナーに同じものがあるかな？
★ぜひ試してみるといいですね。

★たくさん並べましたね。何ができていますか？
●線路が続いて、向こうに町があります。
●私は家をつくっています。
★線路の上に箱を載せたんですね。
●新幹線です。すごいスピードで町まで行くよ。
●町には恐竜もいるよ！
★楽しい町が広がってきましたね。

何に変身するのか思い付いたよ！

●児童
友達と話していてひらめいた！

POINT 幼児期の学びを踏まえた指導の工夫

並べたり重ねたりして見立てている様子や対話から、子供の表したいことを捉え、子供が試していることに共感したり、周りの子供へ伝えたりすることで、さらにイメージを具体的にしたり、そのイメージを実現できたりするように働きかける。

振り返る
本時の学習を振り返り、次時への見通しをもつ。

★箱がどんなものに変身しましたか。
●動物ができました。
●友達と町をつくりました。
★箱を組み合わせるときに、どんなことに気付きましたか。
●細長い箱や平べったい箱にしたら、ぴったりだったよ。
●同じ大きさの箱を足にすると、うまく立ちました。
★箱の形や色から表したいことを見付けることができましたね。
●SLは、黒い箱があったので、本物みたいになりました。
★箱の色も、大切なのですね。
●箱と箱をテープで貼ったら、崩れなくなるよ。
★次の時間は、つなぎ方も工夫して、さらに自分の表したいものをつくっていきましょう。
先生も、もっと箱を探してみます。みなさんも、家で、集めておいてくださいね。

●児童

POINT 幼児期の学びを踏まえた指導の工夫

一人一人の気付きを捉えながら、造形的な視点と結び付けて学級全体で共有していくことで、次時への見通しと期待感をもてるようにする。

73

幼児期の遊びを通した学び と 図画工作科 工作に表す活動 とのつながり

遊びを通した学び
ハンバーガー屋さんを開くために…
「パンは丸く、ポテトは細長く」
と表したいことをもとに紙を選び、切ったり丸めたり重ねたりしながらつくっている。

主体的な学びを引き出す保育者の援助と環境の構成
幼児との日頃の対話を大切にし、生活体験を把握することで、どのようなことに興味をもっているのかを探ります。幼児一人一人がイメージしたことを実現できるように、話をよく聞き、材料を一緒に探したり、新たな材料を提示したりします。

遊びを通した学び
どんぐり転がしゲーム…
「ここに空き箱を貼ったら、よく転がるようになったね」
と、どんぐりがよく転がるように仕組みを考えながらコースをつくっている。

主体的な学びを引き出す保育者の援助と環境の構成
幼児がいろいろな材料を組み合わせ、どんぐりの転がり方を試しながらつくりかえていくことができるように、ゆったりとした場所と十分な時間を確保するとともに、幼児と一緒に適した接着材や接着方法を考えます。

遊びを通した学び
学校ごっこ…
「小学校へ行ってきます！」と好きな箱を選んで、紐をつけてつくったお気に入りのかばんを持って遊んでいる。

遊びを通した学び
折り紙を小さく折ってはさみで切って広げると…
「きれいな飾りができた！」
とつくった飾りを窓や壁に貼ったり、友達と見せ合ったりして楽しんでいる。

主体的な学びを引き出す保育者の援助と環境の構成
発達に応じて、安全なはさみの使い方を教えます。刃先や刃元を使い分けて切り込みを入れる様子を見守ったり、できた形の面白さを言葉にして伝えたりして、次はこんな形に切ってみたいという考えを引き出していきます。

遊びを通した学び
衣装づくり…
「お姫様に変身したい！」と好きなキャラクターをイメージしながら、服や靴、傘などをつくって身に着け、なりきって楽しんでいる。

遊びを通した学び
紐で三つ編みをして…
「かわいい髪飾りをつくりたい！」と好きな色の紐を3色選び、編み方を工夫して飾りをつくっている。

幼児教育を通して育まれた10の姿
- 豊かな感性と表現
- 思考力の芽生え
- 健康な心と体

※これらの活動では他にも「自立心」「協同性」「言葉による伝え合い」などの姿も見てとれますが、ここではあえて「工作に表す活動」に深くつながるものだけを抜粋して記載しています。

小学校の各教科等における資質・能力とのつながり
- 自分の感覚や行為を通して形や色などに気付き、手や体全体の感覚などを働かせ、材料や用具を使い、表し方を工夫して表す力
- 造形的な面白さや楽しさ、表したいこと、表し方などについて考え、楽しく発想や構想をしたり、作品などから自分の見方や感じ方を広げたりする力
- 楽しく表現したり鑑賞したりする活動に取り組み、つくりだす喜びを味わうとともに、形や色などに関わり楽しい生活を創造しようとする力

| 題材名 | ぱたぱた、ちょきん！すてきなかざり【図画工作科 工作に表す活動】とのつながり |

幼児期の遊びを通した学び
身近な材料に触れて、様々なものをつくることを楽しみながら、次第にイメージを広げたり、つくったものを飾って楽しんだりする。

目標
- （知識及び技能）折り紙を折って切ったり、つなげたり、身近な場所を飾ったりするときの感覚や行為を通して、いろいろな形や色などに気付き、紙やはさみ、のりなどを使って表したいことをもとに工夫して表す。
- （思考力，判断力，表現力等）切った紙の形や色などの感じをもとに自分のイメージをもち、表したいことや用途などを考え、形や色を生かしながらどのように表すかを考える。
- （学びに向かう力，人間性等）楽しく紙を切って飾る活動に取り組み、つくりだす喜びを味わうとともに、形や色などに関わり、楽しい生活を創造しようとする。

学習計画
※丸囲み数字は授業時数
- ①②（本時）はさみの安全な使い方を確認する。紙を折って切り、いろいろな形をつくる。
- ③④⑤ 紙の折り方や切り方を考えて、いろいろな形の飾りをつくり、つなぎ方を考える。教室の窓や出入口などを工夫して飾る。飾りや飾った教室を見て、友達と面白さや楽しさを伝え合う。

【授業展開例】

つかむ　幼児期の学びを振り返りながら、折り紙を折って切る形の表し方をつかむ。

教師
★折り紙を三角に3回折って、切ってみます。見ていてくださいね。
- ●折ったところを切ったら、穴が開いたみたいだね。
- ●折って切って、開いたらきれいな模様の形ができるね。
- ●雪の結晶みたいな形になったね。
- ●幼稚園で、やったことがあるよ。

児童

★すてきな飾りをつくって、教室に飾ると楽しそうですね。紙を折って切り、いろいろな形をつくりましょう。まずは、はさみの使い方を確認します。

POINT　幼児期の学びを踏まえた指導の工夫
子供の好奇心や探究心を引き出すことができるように、教師が例示し、折り紙を折って切り形をつくる活動について見通しをもつとともに、教室を飾ることへの期待感を高める。

表現する　いろいろな折り方や切り方を試しながら、飾りに表す。

いろいろなおりかたやきりかたをくふうしてつくり、きょうしつをかざろう。

教師
★いろいろな折り方や切り方を試してみましょう。どんな形ができるかな。
- ●半分に折って切ったら、ハートができたよ。
- ●三角に2回折って、角を切って開いたら、大きな穴ができていたよ。
- ●四角に3回折って切ったら、お花みたいになったよ。

- ●折り紙を開いたら、バラバラになっちゃった。

★どうしてバラバラになったのでしょう？
- ●何でかなあ…たくさん切りすぎたのかなあ。
- ●私もいっぱい切ったけれど、つながっているよ。
- ●端っこを全部切っちゃったんじゃない？
- ●バラバラになった形も、並べてつないだら面白そう。

友達のつくり方を見ていたら試したいことを思い付いたよ！●児童

★友達の話から気付いたことはありましたか。さらに試してみてください。

POINT　幼児期の学びを踏まえた指導の工夫
一人一人の様子を捉えながら、安全にはさみを使うことができるように指導するとともに、はさみを使って切る心地よさや、はさみを使ってつくる楽しさを味わえるように、十分な材料や時間を確保する。

こんな形ができたよ！

- ●先生、○○さんみたいな伸びる形にしたいです。

★どうやって切ったのか、○○さんに聞いてみましょう。
- ●細長い四角に折って、互い違いに切れ込みを入れるのよ。
- ●なるほど、こうやって切るのか。

★今までに、○○さんはこの切り方をしたことがあったのですか？
- ●七夕の笹飾りを、この方法でつくったことがあります。

●児童

POINT　幼児期の学びを踏まえた指導の工夫
仕組みを生かして、考えたり、予想したり、工夫したりできるように、一人一人の考えを受け止め、そのことを言葉にして伝えながら、さらに考えを引き出す。

振り返る　本時の学習を振り返り、次時への見通しをもつ。

★いろいろな折り方や切り方を試して、どんな形ができましたか。
- ●何回も折った方が、きれいな模様になりました。
- ●でも、たくさん折りすぎると、固くて、はさみで切れなくなったよ。
- ●三角に折ったときと、四角に折ったときでは、開いたら形が違っていたよ。
- ●切りすぎて、バラバラになったけれど、つないだら模様になりました。
- ●形をたくさんつないだら、楽しいね。

★たくさんつないだら、楽しくなりそうですね。
- ●吊るして飾ると、教室が楽しくなります。
- ●色もカラフルにしてみたいな。

●児童

★とてもいいアイデアですね。次の時間は、いろいろな折り方や切り方を工夫するだけでなく、つなぎ方も工夫して、教室を楽しく飾りましょう。

POINT　幼児期の学びを踏まえた指導の工夫
一人一人が不思議さや面白さを感じ、こうしてみたいという願いをもっていることを言葉で引き出し、学級全体で共有することで、新しい考えが生み出され、友達の考えのよさを感じることができるようにするとともに、次時への見通しと期待感をもてるようにする。

体育科		**担当者からのメッセージ**

| **お話** | 千葉大学教育学部附属幼稚園
田中 幸先生 | 千葉県千葉市立本町小学校
奥田 正幸先生 |

体育科の特徴

　体育科は、心と体を一体として捉え、生涯にわたって心身の健康を保持増進し豊かなスポーツライフを実現するための資質・能力を育む教科です。

　幼児期に遊びを中心とする身体活動を十分に行うことは、生涯にわたって必要な多くの運動の基となる多様な動きを幅広く獲得することにつながるだけでなく、体を動かす楽しさや心地よさを実感することにつながります。

　遊びの中で行う、転がったり、よじ登ったり、友達を追いかけて走ったり、物を投げたり、踊ったりするといった様々な経験は、運動種目として成立する以前の基本的な動きであり、小学校以降の体育科の学習を楽しく安全に行うための大変貴重な経験になります。

　幼児期において、子供たちの自発的な活動を尊重し、子供自身が遊び方を考えたり、友達や大人と関わったりしながら、これらの基本的な動きを豊富に経験していくことが、小学校以降の主体的・対話的で深い学びにつながっていきます。

幼児期の遊びを通した学び

　安定した情緒の下、伸び伸びと自分のやりたいことに向かう中で自己を充実させ、ますます意欲的に遊びや活動に取り組むようになります。自分たちで選択して取り組む遊びの中で、幼児は体を動かす心地よさ、友達と協力したり競い合ったりする楽しさ、決められたルールを守ったり新しくルールをつくったりしながら遊ぶ面白さなどを実感を伴って学びます。

具体的には…

● 風に舞う花びらや落ち葉、チョウやバッタなどの虫を夢中になって追いかけている

● ごっこ遊びの中で忍者やヒーローなどの役になりきり、友達と一緒に走り回ったり、高い場所から跳び降りたり、不安定な足場を渡ったりしている

● 高い場所によじ登ったり跳び降りたりする友達の様子を見て、自分もやってみたいと繰り返し挑戦する

体育科

Contents

「幼児期の遊びを通した学び」と「体育科」とのつながり

体つくりの運動遊び（多様な動きをつくる運動遊び）とのつながり ……………… 78

［単元名］ 進め！忍者修行

器械・器具を使っての運動遊び（鉄棒を使った運動遊び）とのつながり ………… 80

［単元名］ ○組動物園で遊ぼう

走・跳の運動遊び（走の運動遊び）とのつながり ………………………………… 82

［単元名］ かけっこランドで遊ぼう

水遊び（水の中を移動する運動遊び，もぐる・浮く運動遊び）とのつながり …… 84

［単元名］ お散歩水遊び

ゲーム（ボールゲーム）とのつながり ……………………………………………… 86

［単元名］ 的あてシュートゲーム

表現リズム遊び（表現遊び）とのつながり ………………………………………… 88

［単元名］ 変身！生き物ワールド

幼児期の遊びを通した学び と 体育科 体つくりの運動遊び とのつながり

遊びを通した学び
ロープのぼり…
「今日こそ上まで登れるかも！」とゴール地点を見つめながら、しっかりロープを握り、足を突っ張らせ、全身を使いながら、少しずつよじ登っている。

主体的な学びを引き出す保育者の援助と環境の構成
最初はうまく登れなくても、友達にコツを教えてもらいながら、少しずつ登れるようになっていきます。先生が「諦めないで挑戦しているね」「ロープをぎゅっと握って力が入っているね」などと幼児が気付いていないよさや成長を言葉にして伝えることで、挑戦する意欲が高まります。

遊びを通した学び
ビニール紐を使ったクモの巣づくり…
「引っかかったら、ダメってことね！」張り巡らせた紐に触れないように、体の動きを意識して通り抜ける。

主体的な学びを引き出す保育者の援助と環境の構成
遊びのイメージに合わせ「大きなクモがすんでいそう」などと声を掛けることにより、幼児はさらにイメージを膨らませます。幼児が「クモに食べられちゃうから引っかかったらダメってことね！」と遊びを決め、紐をくぐる、よける、跳び越えるなどの動きを繰り返し楽しむ姿を見守ります。

遊びを通した学び
泡遊び…
「きれいにしよう！」と雑巾がけのように手や足で体を支え、泡をたっぷり含ませたネットを道の上に滑らせている。

遊びを通した学び
基地づくり…
「落とさないように気を付けてね」リヤカーを引く役、後ろから支える役に分かれて協力して運んでいる。

主体的な学びを引き出す保育者の援助と環境の構成
保育者は、幼児が一人一つずつケースを運ぶのを見て、協力すれば一度に多くのものが運べるリヤカーの使用を提案してみます。幼児はリヤカーを引く役とケースを支える役に分かれ、スピードを調整しバランスを取りながら一度に多くのケースを運びます。

遊びを通した学び
大型積み木でコースづくり…
「落ちないように、そおっとね」と、細い板の上をバランスを取りながら渡っている。

遊びを通した学び
竹馬乗り…
「あそこまで競争ね！」と竹馬から落ちないように、転ばないように、慎重に進んでいる。

幼児教育を通して育まれた10の姿

- 健康な心と体
- 協同性

※これらの活動では他にも「自立心」「道徳性・規範意識の芽生え」「思考力の芽生え」などの姿も見てとれますが、ここではあえて「体つくりの運動遊び」に深くつながるものだけを抜粋して記載しています。

小学校の各教科等における資質・能力とのつながり

- 体つくりの運動遊びの楽しさに触れ、その行い方を知るとともに、体を動かす心地よさを味わったり、基本的な動きを身に付けたりすること
- 体をほぐしたり多様な動きをつくったりする遊び方を工夫するとともに、考えたことを友達に伝えること
- 体つくりの運動遊びに進んで取り組み、きまりを守り誰とでも仲よく運動をしたり、場の安全に気を付けたりすること

| 単元名 | 進め！忍者修行 | 【体育科 多様な動きをつくる運動遊び】とのつながり |

幼児期の遊びを通した学び

よじ登ったり、紐をくぐったり、バランスを取りながら平均台を渡ったりして、自分で体の動きを意識しながら、全身を使って体を動かすことを楽しんでいる。

目標
- （知識及び運動）多様な動きをつくる運動遊びの行い方を知るとともに、体の基本的な動き（バランス、移動）をして遊ぶことができるようにする。
- （思考力、判断力、表現力等）多様な動きをつくる遊び方を工夫するとともに、考えたことを友達に伝えることができるようにする。
- （学びに向かう力、人間性等）多様な動きをつくる運動遊びに進んで取り組み、きまりを守り誰とでも仲よく運動をしたり、場の安全に気を付けたりすることができるようにする。

学習計画
- ①（オリエンテーション）学習のねらいを知り、単元の学習の見通しをもつ。
- ②③④「進め！忍者修行」様々な運動遊び（忍者修行）を楽しむ。
- ⑤⑥⑦「進め！忍者修行 忍術にチャレンジ」（本時）運動遊び（忍者修行）の行い方や動き方を工夫して楽しむ。

※丸囲み数字は授業時数

【授業展開例】

準備運動
準備運動と簡単な鬼遊びで心と体をほぐす。

★忍者修行を始める前に、修行で使う部分をゆっくり伸ばしましょう。
- ●体をいっぱいに伸ばすと気持ちがいいな。

★鬼遊びで体をあたためましょう。今日の鬼は氷の術を使うよ。→氷鬼を実施
- ●忍者は、周りをよく見て友達とぶつからないように走ることができるんだよね。

POINT 幼児期の学びを踏まえた指導の工夫
忍者修行というテーマを設定することで、子供たちの意欲を高めるとともに、本単元で身に付けさせたい動きを引き出す。

活動①
学習の進め方やきまりを確認し、運動遊びを行う。

★ペアの友達と、いろいろな修行をしてみましょう。
★友達とぶつからないように気を付けながら、順番を守って仲よく活動しましょう。

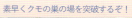

【場と運動遊び（修行）の設定例】…様々な動きを引き出す場
※修行の場の名前は、子供たちと相談して決める
- マット…転がる、跳び越す、押す（雑巾がけ）、引っ張る
- 跳び箱…よじ登る、跳び乗る、跳び下りる、
- 平均台…渡る、横向きに渡る、くぐる、すれ違う
- 輪…片足連続跳び、両足連続跳び、一回転ジャンプ
- ゴム紐…跳び越える、くぐる、這う
- ロープ…たどって走る、跳び越える
- コーン…跳び越える、避けて移動する

- ●マットがずれているから危ないね。直してからやろう。
- ●赤い輪は片足で跳んで、青い輪では一回転してみようかな。
- ●一本橋（平均台）ですれ違うのって難しいから、一緒にやってみようよ。

這ったり跳び越えたりしながら移動する

POINT 幼児期の学びを踏まえた指導の工夫
幼児期に経験した多様な動きを生かして、思うがままに様々な動きに挑戦したり、動きを高めたりすることができるような学習の場を設定する。

進め！忍者修行　忍術にチャレンジ。

★様々な場で忍者修行を行ってきましたが、その修行に忍術を加えてみましょう。
※忍術…動きに形容詞を付けて変化を加えることで、今まで体験した動きを高める。
- ●「大きくの術」を使って、大きくジャンプするんだ。
- ●「素早くの術」を使うと、ゴム紐修行の場が難しくなったよ。
- ●前回、一本橋（平均台の場）で「巻き戻しの術」ができたときは、嬉しかったな。

活動②
行い方や動き方の工夫について、よい例を全体に紹介し、もう一度運動遊びを行う。

★面白い修行をしている友達がいたので紹介しますね。みんなで見てみましょう。
- ●「忍び足の術」を使って、静かに音を立てないようにやってみました。
- ●「分身の術」を使って、友達と一緒に同じ動きをしてみました。
- ●「ねこの術」はねこになりきって修行をします。その他に「カエルの術」もやってみました。

★楽しそうだな、すてきだなと思う友達の修行や忍術は、どんどん真似してよいですよ。
★それではもう一度、修行を始めましょう。

「分身の術！」同時に着地しよう

二人で体のバランスを取りながら跳ぶ

まとめ
本時の学習をまとめ、次時への見通しをもつ。

★次の時間にやってみたい修行や、真似したい友達の動きを学習カードに書きましょう。
- ●友達と「スローモーションの術」をかけあうのが楽しかったから次もやりたいな。
- ●○○さんがコーンの場で素早く移動していて、真似したいと思いました。

★新しい忍術を身に付けた人がいっぱいいますね。立派な忍者にまた一歩近付けましたね。

POINT 幼児期の学びを踏まえた指導の工夫
一人一人の考えを受け止め、クラス全体に広げることで、教師に見守られているという安心感を満たし、次時への意欲を高める。

幼児期の遊びを通した学び と 体育科 器械・器具を使っての運動遊び とのつながり

遊びを通した学び
滑り台で…
「手につかまって！」 と、友達に手を伸ばす中で、頭が下になる逆さまの感覚を楽しんでいる。

主体的な学びを引き出す保育者の援助と環境の構成
広幅の滑り台で友達と並んで滑り降りることを楽しみながら遊ぶ幼児たち。ある日、下から上に駆け上がる遊びに挑戦し、急こう配に苦戦する中、逆さまになりながら手を差し伸べて手助けしようとします。

遊びを通した学び
のぼり棒にて…
「見て！フクロテナガザルみたいでしょ？」 と、遠足に行った動物公園で見たフクロテナガザルの真似をして、楽しそうに友達と笑い合ってぶら下がっている。

主体的な学びを引き出す保育者の援助と環境の構成
遠足で「腕が長いね」「腕の力が強いね」「雲梯をしているみたいだね」などど会話が弾んだフクロテナガザル。フクロテナガザルの動きを思い出しながら、真似て楽しむ幼児に共感の言葉を掛けながら、いろいろな動きを引き出します。

遊びを通した学び
斜面の一本橋渡り…
「落ちたらワニに食べられちゃう。落ちないように進もう！」 バランスを取り、イメージを共有しながら遊んでいる。

遊びを通した学び
基地遊び…
「やっほ〜！ よく見えるよ！！」 と、鉄棒に掛けたすのこに上り、高さを感じながら、遠くの友達に呼び掛けている。

主体的な学びを引き出す保育者の援助と環境の構成
瓶ケースが不足して基地がつくれないと困る幼児たちに、保育者は安全を確認して、すのこを鉄棒に掛けることを提案します。基地ができると、鉄棒って意外と高いなあ…とドキドキしながら、いつもと違う感覚を楽しみます。

遊びを通した学び
胸くらいの高さのある段差に挑戦…
「もう少し！ がんばって！」 自分の体の重さをどう支えるのか、試行錯誤しながら取り組んでいる。

遊びを通した学び
ブランコで…
「見て！ サーカスみたいでしょ！」
「もしかしたら3人でも乗れるかも？」と器用にロープにつかまりながら、挑戦している。

幼児教育を通して育まれた10の姿
- 健康な心と体
- 自立心

※これらの活動では他にも「協同性」「思考力の芽生え」「言葉による伝え合い」「豊かな感性と表現」などの姿も見てとれますが、ここではあえて「器械・器具を使っての運動遊び」に深くつながるものだけを抜粋して記載しています。

小学校の各教科等における資質・能力とのつながり
- 器械・器具を使っての運動遊びの楽しさに触れ、その行い方を知るとともに、その動きを身に付けること
- 器械・器具を用いた簡単な遊び方を工夫するとともに、考えたことを友達に伝えること
- 器械・器具を使っての運動遊びに進んで取り組み、順番やきまりを守り誰とでも仲よく運動をしたり、場や器械・器具の安全に気を付けたりすること

| 単元名 | ○組動物園で遊ぼう　【体育科 鉄棒を使った運動遊び】とのつながり |

幼児期の遊びを通した学び　鉄棒を使って、支持する、ぶら下がる、跳び下りる等、体を支える動きや逆さまになる感覚などを味わっている。

目標	（知識及び技能）鉄棒を使った運動遊びの行い方を知るとともに、支持しての揺れや上がり下り、ぶら下がりや易しい回転をして遊ぶことができるようにする。
	（思考力、判断力、表現力等）鉄棒を使った簡単な遊び方を工夫するとともに、考えたことを友達に伝えることができるようにする。
	（学びに向かう力、人間性等）鉄棒を使った運動遊びに進んで取り組み、順番やきまりを守り誰とでも仲よく運動をしたり、場や器械・器具の安全に気を付けたりすることができるようにする。
学習計画	①（オリエンテーション）学習のねらいを知り、単元の学習の見通しをもつ。 → ②③④「いろいろな動物になって遊ぼう」鉄棒を使った運動遊び（○組動物園）を楽しむ。 → ⑤⑥⑦「動物の遊び方を工夫しよう」（本時）鉄棒を使った運動遊び（○組動物園）の遊び方を工夫して楽しむ。

※丸囲み数字は授業時数

【授業展開例】

準備運動
準備運動と固定施設を使った運動遊びで体をほぐす。

（教師）

★動物に変身する前に、いろいろな部位をゆっくり伸ばしましょう。
　●鉄棒で遊ぶから、腕や肩をしっかり伸ばすんだよね。
★まずはグループごとに固定施設を使って遊びましょう。今日は1班がジャングルジム、2班が雲梯、3班は…。
　●雲梯で、さるみたいに渡ってみようかな。

（児童）

POINT　幼児期の学びを踏まえた指導の工夫
動物園というテーマを設定することで、子供たちの意欲を高めるとともに、動物の模倣を通して本単元で身に付けさせたい動きを引き出す。

活動①
学習の進め方やきまりを確認し、運動遊びを行う。

★ペアの友達と、いろいろな動物に変身をしてみましょう。
★友達とぶつからないように気を付けながら、順番を守って仲よく活動しましょう。

【場と運動遊びの設定例】
＜低い鉄棒（子供の腰からお腹くらいの高さ）＞
　ツバメ　…手で支持して止まる（跳び上がり、支持、跳び下り）
　シマウマ…体を伸ばして手で支え、足は走るように動かす（支持）
　ぶたの丸焼き…手と足で鉄棒にぶら下がる（ぶら下がり、揺れ）
＜中くらいの鉄棒（子供の胸から肩くらいの高さ）＞
　こうもり…膝をかけて逆さまになる（支持、揺れ）
　ねこ…支持の姿勢から体を丸めて前に回る（易しい回転）
＜高い鉄棒（子供の頭くらいの高さ）＞
　ナマケモノ…手や足を使ってぶら下がる（ぶら下がり、揺れ）
　さる…手でぶら下がって移動（ぶら下がり、揺れ）

●鉄棒を握るときは、親指をからめてしっかり握るんだよね。
●「ツバメ」の姿勢から、大きく後ろへ跳んでみよう。
●「ぶたの丸焼き」で片手と片足を離したら、「ナマケモノ」みたいになったよ。
●先生に台を用意してもらったら、跳び上がりができたよ。

（児童）

揺れても怖くないよ！

膝をかけて逆さまになり「こうもり」

POINT　幼児期の学びを踏まえた指導の工夫
繰り返し挑戦したり諸感覚を働かせ体を思い切り使って活動したりするなど、心と体を十分に働かせることができるような学習の場を設定する。

動物の遊び方を工夫しよう。

（教師）

★様々な動物がいる動物園になりましたが、動物の動きを工夫してみたり、動物同士で遊んだりしてみましょう。
　●友達と一緒に「こうもり」をやってみたいな。
　●「ツバメ」で素早く横に移動したら、ペンギンみたいな動きになったよ。

（児童）

活動②
遊び方の工夫について、よい例を全体に紹介し、もう一度運動遊びを行う。

（教師）

★面白い遊び方をしている友達がいたので紹介しますね。みんなで見てみましょう。
　●友達とタイミングをずらして前に回ったら、イルカのショーみたいになりました。
　●三人で並んで「こうもり」をして、ゆらゆらしたら楽しかったです。
　●体を丸めずに伸ばしたままゆっくり前に回ったら、ねこじゃなくてトラです。
★楽しそうだな、すてきだなと思う友達の遊び方は、どんどん真似してよいですよ。
★それではもう一度、「○組動物園へ、レッツゴー！」

「せえの」で回ろうね

タイミングを合わせて易しい回転をする

まとめ
本時の学習をまとめ、次時への見通しをもつ。

（教師）

★次の時間にやってみたい遊び方や、真似したい友達の遊び方を学習カードに書きましょう。
　●○○さんみたいに、「ツバメ」から後ろへ遠くに跳びたいな。
　●いろいろな動物の動きをつなげてみたいです。
★今日もいろいろな動物がいろいろな遊び方をしていてすばらしかったです。次回も、動物の遊び方をたくさん見付けていきましょう。

（児童）

POINT　幼児期の学びを踏まえた指導の工夫
自分の思いや考えを言葉や動作などで表し、相手に伝えたり、互いの考えを出し合ったりしている子供を称賛し、次時への意欲を高める。

幼児期の遊びを通した学び と 体育科 走・跳の運動遊び とのつながり

遊びを通した学び
風に舞う桜の花びら…
「わあ、きれい！」 と言いながら、何とかして地面に落ちる前にキャッチしようと走り回る。

主体的な学びを引き出す保育者の援助と環境の構成
地面に落ちている薄桃色の花びらを集めていた幼児たち。そこに風が吹いてきて、花びらが空に舞いました。「わあ、きれい！」と眺めた後、誰からともなく花びらをキャッチして遊び始めます。保育者も参加すると、周りに遊びが広がっていきます。

遊びを通した学び
バトンを用いたリレー…
「〇〇ちゃん、パス！」
自然と声を掛け合って、バトンを渡したり、受け取ったりすることを楽しんでいる。

主体的な学びを引き出す保育者の援助と環境の構成
学年でリレーに取り組んだ後、白線やバトンを残しておくと、数人の幼児が自分たちでリレーを始めます。いつでも誰でも自由に参加できる場があることで、走る楽しさから勝敗にこだわる楽しさへ、経験を重ねながら楽しみ方が変わっていきます。

遊びを通した学び
いろはにこんぺいとう…
「下、通れないよ〜！」 短縄を２本使った遊びで、地面すれすれの縄の下をくぐり抜けようとする。

遊びを通した学び
戦いごっこ…
「悪者にはつかまらないぞ！」 保育者を敵役に見立て、捕まらないように距離を取って逃げ回る。

主体的な学びを引き出す保育者の援助と環境の構成
空き箱で武器をつくっていた幼児たちが、「ここからビームが出るよ！」などとアピールしてきます。保育者が敵役になってそのイメージを受け止めると、幼児はポーズをとるなどヒーローになりきり動きを楽しみます。

遊びを通した学び
高いところからジャンプ…
「初めて跳べた！」 何回も小屋の屋根に上がっては下を眺めていた幼児。ある日屋根から跳び降りて「初めて跳べた！」と大喜び。

遊びを通した学び
ダンプカーを走らせて…
「工事に出発！」 工事のイメージで、ダンプカーを砂場に運び込もうとしている。砂場まで地面を走らせて、友達と速さを競い合う。

幼児教育を通して育まれた10の姿
- 健康な心と体
- 自立心

※これらの活動では他にも「協同性」「自然との関わり・生命尊重」「豊かな感性と表現」などの姿も見てとれますが、ここではあえて「走・跳の運動遊び」に深くつながるものだけを抜粋して記載しています。

小学校の各教科等における資質・能力とのつながり
- 走・跳の運動遊びの楽しさに触れ、その行い方を知るとともに、その動きを身に付けること
- 走ったり跳んだりする簡単な遊び方を工夫するとともに、考えたことを友達に伝えること
- 走・跳の運動遊びに進んで取り組み、順番やきまりを守り誰とでも仲よく運動をしたり、勝敗を受け入れたり、場の安全に気を付けたりすること

単元名 かけっこランドで遊ぼう　【体育科 走の運動遊び】とのつながり

幼児期の遊びを通した学び
ゴールに向かって力いっぱい走ったり、障害物を走り越えたりする等の遊びを楽しみながら、体の使い方を身に付けている。

目標
- （知識及び技能）走の運動遊びの行い方を知るとともに、いろいろな方向に走ったり、低い障害物を走り越えたりして遊ぶことができるようにする。
- （思考力，判断力，表現力等）走ったり跳んだりする簡単な遊び方を工夫するとともに、考えたことを友達に伝えることができるようにする。
- （学びに向かう力，人間性等）走の運動遊びに進んで取り組み、順番やきまりを守り誰とでも仲よく運動をしたり、勝敗を受け入れたり、場の安全に気を付けたりすることができるようにする。

学習計画
① （オリエンテーション）学習のねらいを知り、単元の学習の見通しをもつ。 ＞ ②③④「折り返しリレー遊びを楽しもう」遊び方を工夫しながら折り返しリレー遊び（かけっこランド）を楽しむ。 ＞ ⑤⑥⑦「障害物リレー遊びを楽しもう」（本時）遊び方を工夫しながら障害物リレー遊び（かけっこランド）を楽しむ。

※丸囲み数字は授業時数

【授業展開例】

準備運動
準備運動とかけっこをする。

★かけっこをする前に、いろいろな部位をゆっくり伸ばしましょう。
●かけっこだけど、足だけでなく全身を伸ばすんだよね。
★チーム対抗でかけっこをしましょう。今日のコースは「ジグザグコース」と「くるりんコース」です。最初にどちらを走るか対戦チームと決めてください。2回目はコースを交代しますよ。
●くるりんコースは目が回りそうで楽しいね。

POINT 幼児期の学びを踏まえた指導の工夫
チームは、走力だけでなく、子供たちの様子をよく見ながら、時期に応じていろいろな友達と関わり合うきっかけとなるように編成する。

コースづくり
学習の進め方やきまりを確認し、運動遊びを行う。

★グループの友達と協力して仲よくコースづくりをしましょう。
★折り返しリレー遊びのコース（往復40m程度）に障害物を置いて、リレー遊びをします。
★今日の障害物の数はどうしますか。→行きが3個、帰りも3個にしましょう。

障害物リレー遊びを楽しもう。

【使用する障害物の例】※矢印の先は、見立てるもの
- 短なわ（輪の状態）→水溜まり
- 輪　→落とし穴
- 低い段ボール　→ワニ
- 2Lペットボトル（横に4つつなげる）→炎
- ミニハードル　→ヘビ
- 三角コーン（横に倒す）→犬

●水溜まりや落とし穴は高くないけれど、幅が広いから、気を付けないといけないね。
●前回はワニ（段ボール）を使わなかったから、今日はワニを使ってみようよ。
●犬（三角コーン）は、頭の向きをジグザグにしてみようよ。

あまり近くに置くと走りづらいよね
障害物をどこに置くか決める

★コースができたら、自分たちで走ってみましょう。
●2つ目と3つ目の障害物が近すぎて走りにくいから、もう少し遠ざけたいな。
●水溜まりに入ってしまったよ。もう一回走ってみたいな。
★走ってみたら、グループで相談して、障害物の置き方を少し変えてもいいですよ。

POINT 幼児期の学びを踏まえた指導の工夫
集団でコースをつくったり、それぞれが役割を分担して一つのことを成し遂げたりすることで、仲間意識が深まるように支援する。

競走
つくったコースを使い、チーム対抗で障害物リレー遊びを行う。

★チーム対抗でリレー遊びをしましょう。次の走者の手の平にタッチしたら交代です。
★まずは自分たちのつくったコースで競走しましょう。
★2回目はコースを交換して、相手チームのつくったコースで競走しましょう。
●○○さんの走り越え方が、とっても上手だったよ。
●負けても怒らないことが大事だったよね。次にまたみんなでがんばろうよ。
●次は走る順番も変えてみようよ。
★5分の作戦タイムの後にもう一回競走をします。この間に、コースを変更してもいいですよ。
●スピードを落とさずに走れるコースを考えてみようよ。

競走すると楽しいね！
チーム対抗リレーで競走

POINT 幼児期の学びを踏まえた指導の工夫
勝敗やきまり等に関連していざこざが生じた場合は、子供に寄り添い励ますことで、子供が自分の気持ちを調整し、友達と折り合いを付けながら、勝敗を受け入れたり、きまりをつくったりすることができるようにする。

まとめ
本時の学習をまとめ、次時への見通しをもつ。

★次の時間につくってみたいコースのアイデアや、上手だった友達の動きを学習カードに書きましょう。
●障害物を置く間隔をそろえたら走りやすかったな。
●○○さんは、足を合わせながらまっすぐ走っていました。
★どうやらリズムよく走り越えるコースをつくると、速く走れるようですね。

幼児期の遊びを通した学び と 体育科 水遊び とのつながり

遊びを通した学び
雨水が溜まって泥遊び…
「すごく深い！」
数日前から掘っていた穴に雨水が溜まっているのを見付けた幼児。長靴を履き一歩一歩慎重に入ったり、感触を楽しんだりしている。

主体的な学びを引き出す保育者の援助と環境の構成
幼虫探しをしていた穴に雨水が溜まり、大きな泥んこ池になりました。先生が「長靴なら入れるかもね」とつぶやくと、すぐに数名の幼児たちが長靴で中に入ります。「なんだか歩きにくい」と、いつもの穴との違いに戸惑いつつも、いつの間にか泥んこ遊びに夢中になります。

遊びを通した学び
段ボールとカラーポリ袋で盾づくり…
「水攻撃に負けないぞ！」とホースの水を盾で防ぎながら、水の重さを感じている。

主体的な学びを引き出す保育者の援助と環境の構成
暑い日は水遊びが気持ちいいけれど、あまり濡れたくない、顔に水がかかるのは嫌という幼児。保育者が、濡れなくてすむ方法を考えてみることを提案すると、一人が「盾づくり」を思い付きました。保育者の水攻撃を盾でかわすと、水が当たる大きな音や水の重さを感じます。

遊びを通した学び
雨上がりに大きな水溜まり…
「海みたい！」と、友達と一緒に中に入り、水をシャベルで掻きながら進む感覚を楽しんでいる。

遊びを通した学び
水遊び…
「気持ちいいね」小さなプールに入り、近くにいる友達と水をかけ合いながら、水の気持ちよさを感じている。

主体的な学びを引き出す保育者の援助と環境の構成
大きなプールではなく、友達との距離がとても近いのが小さいプールのいいところ。水をかけ合ったり、顔を見合わせて笑い合ったり…水遊びの楽しさ、水の気持ちよさ、心地よさを味わいます。

遊びを通した学び
水のアーチくぐり…
「次はキャッチするよ！」と、放物線を描いて落ちてくるホースの水の感覚を手の平で受け止めている。

遊びを通した学び
机でウォータースライダー…
「スピード速かったね！」と、順番を待ちながら、滑っていった友達同士で声を掛け合っている。

幼児教育を通して育まれた10の姿
● 健康な心と体　　● 協同性

※これらの活動では他にも「自立心」「思考力の芽生え」「自然との関わり・生命尊重」「豊かな感性と表現」などの姿も見てとれますが、ここではあえて「水遊び」に深くつながるものだけを抜粋して記載しています。

小学校の各教科等における資質・能力とのつながり
● 水遊びの楽しさに触れ、その行い方を知るとともに、その動きを身に付けること
● 水の中を移動したり、もぐったり浮いたりする簡単な遊び方を工夫するとともに、考えたことを友達に伝えること
● 水遊びに進んで取り組み、順番やきまりを守り誰とでも仲よく運動をしたり、水遊びの心得を守って安全に気を付けたりすること

| 単元名 | お散歩水遊び | 【体育科 水の中を移動する運動遊び】とのつながり
【体育科 もぐる・浮く運動遊び】とのつながり |

幼児期の遊びを通した学び
水を手ですくったり、足まで水につかった状態で歩いたり、水の中で体を浮かばせたりする等、全身で水に触れ、水の気持ちよさとともに、水の特性を感じている。

目標	（知識及び技能）	水遊びの行い方を知るとともに、水につかって歩いたり走ったりして遊ぶことや、息を止めたり吐いたりしながら、水にもぐったり浮いたりして遊ぶことができるようにする。
	（思考力、判断力、表現力等）	水の中を移動したり、もぐったり浮いたりする簡単な遊び方を工夫するとともに、考えたことを友達に伝えることができるようにする。
	（学びに向かう力、人間性等）	水遊びに進んで取り組み、順番やきまりを守り誰とでも仲よく運動をしたり、水遊びの心得を守って安全に気を付けたりすることができるようにする。

| 学習計画 | ①（オリエンテーション）学習のねらいを知り、単元の学習の見通しをもつ。 | ②～⑩「じゃぶじゃぶお散歩を楽しもう」「スイスイお散歩を楽しもう」（本時）
水の中を移動する運動遊び（じゃぶじゃぶお散歩）を楽しむ。
もぐる・浮く運動遊び（スイスイお散歩）を楽しむ。 |

※丸囲み数字は授業時数

【授業展開例】

準備する　心得を確認し、準備運動をしてシャワーを浴びる。

★教師

★毎回確認しますが、プールサイドは走らない、プールに飛び込まない、友達とぶつからないように動くなどの心得は必ず守りましょう。
　●命の安全にも関わることだから、心得は大事なんだよね。●児童
★シャワーは体全部を濡らすように、丁寧に浴びましょうね。

POINT 幼児期の学びを踏まえた指導の工夫
幼児期の「自分の行動の危険性を予測することができない」という特徴を意識し、安全のための心得については繰り返し指導するとともに、運動遊びの内容や動線、水位等に注意を払う。

水遊び①　水の中を移動する運動遊びを行う。

★教師

★水慣れをします。プールサイドに座り、足の裏でたくさん水を叩きましょう。
★次に、水を手ですくい、頭、顔、お腹、胸に水をかけていきましょう。
　●だんだん体が水の冷たさに慣れてきたね。●児童
★水に入ったら、反対のプールサイドまで歩いてみましょう。
　●水の中だと歩きにくいね。走るともっと動きにくさを感じるよ。

ぼくは怪獣歩きが楽しい！

じゃぶじゃぶお散歩を楽しもう。

★いろいろな歩き方で移動をしてみましょう。

【歩き方の例】
- アヒル歩き…肩までつかって歩く
- 怪獣歩き…両手で水をたたき叩きながら歩く
- カニ歩き…口まで水につけて、バブリングをしながら歩く
- カエル歩き…プールの底を触ってジャンプしながら歩く
- ワニ歩き…足を後方に伸ばして手だけで歩く（浅いプール）

●怪獣歩きをしていたら、いつの間にか顔に水がかかっても大丈夫になっていました。
●口まで水につけるのが怖かったけれど、手の平にすくった水を吹き飛ばす遊びをしたら、怖くなくなったよ。

様々な歩き方で水の中を歩き回る

★上手になったお友達がいたので紹介します。みんなで見てみましょう。
★水分補給をしましょう。のどが渇いていなくても、水分を補給しましょう。

POINT 幼児期の学びを踏まえた指導の工夫
水の特性（浮力、水圧、抗力・揚力など）を感じたり、その特性を生かしたりすることによって、一層運動遊びが面白くなるように学習の場を設定する。

水遊び②　もぐる・浮く運動遊びを行う。

★いろいろな浮き方をしてみましょう。
　→くらげ浮き、伏し浮き、大の字浮き
　●力を抜くのが大事だったよね。

スイスイお散歩を楽しもう。

★教師

★二人組になりヒーローとマントになって飛び回りましょう。
・ヒーロー役…肩まで水につかって、歩いたり走ったりする。
・マント役…ヒーロー役の肩に手を置き、伏し浮きをする。
　●マント役は顔を水につけられるといいんだよね。●児童
　●ヒーロー役が走ったり曲がったりすると楽しいね。
★マント役の人は、水に顔をつけている間はバブリングができるといいですね。
★手をつないで引いてもらった方が安心な人は、それでもいいですよ。

まだ怖いから手をつないで
遊びながら伏し浮きの感覚を身に付ける

まとめ　整理運動をして、本時の学習のまとめを行う。

★教師

★楽しかった遊びやできるようになった動きを学習カードに書きましょう。
　●カニ歩きで、水の中で息を吐きながら歩くことができるようになりました。
　●友達の肩につかまって、マントみたいに浮いているのが楽しかったよ。
★整理運動をしっかりと行いましょう。整理体操後はシャワーを浴びますよ。

POINT 幼児期の学びを踏まえた指導の工夫
「もぐる・浮く」は幼児期に経験がない場合がある。教師に見守られている安心感を満たしつつ、一人一人が満足感を味わい自信をもてるように、できたことを積極的に称賛していく。

85

幼児期の遊びを通した学び と 体育科ゲーム とのつながり

遊びを通した学び
オオカミ鬼…
「♪森のこみち、散歩に行こう」友達と一緒に手を叩いて歌いながら、鬼の近くを走って回っている。

主体的な学びを引き出す保育者の援助と環境の構成
お面をつけた鬼（オオカミ）が「今からお出かけするところ！」と言ったら、鬼に食べられないように逃げ回る遊びです。鬼役と逃げ役のやり取りが楽しめるよう、保育者も遊びに加わりながら、簡単なルールのある遊びを通して、友達と一緒に遊ぶことのよさを感じられるようにします。

遊びを通した学び
どんぐり投げ…
「**輪っかを通ったら成功ってことね！**」園庭で拾い集めたどんぐりを、保育者の持つ輪をめがけて慎重に投げている。

主体的な学びを引き出す保育者の援助と環境の構成
どんぐりを拾っては、お金やごちそうに見立てたり、転がしたりと様々な遊びに用いる幼児たち。保育者が輪を持って構えるとねらって投げる遊びが始まります。輪の高さや傾きを変えると、幼児は投げ方や力加減をいろいろと試すようになります。

遊びを通した学び
輪っか転がし…
「**誰のが一番遠くに転がるかな？**」友達と「せえの」と声を掛け、競い合いながら、坂の上から輪を転がしている。

遊びを通した学び
シュート！…
「**どうやって投げるの？**」友達に教えてもらいながら、両手でボールを持ってゴールめがけて放り上げている。

主体的な学びを引き出す保育者の援助と環境の構成
バスケットボール好きの幼児たちと一緒にゴールを模した輪を設置すると、ゴールめがけて両手でボールを投げ始めます。他の学級の幼児も投げ方を見て挑戦。失敗しても繰り返し、入ったときには満足感でいっぱい。十分な時間が大切です。

遊びを通した学び
「**はっけよい、のこった！**」のはずが…？　線から出たら負け、というルールを確認したら、いつの間にか線の中を逃げ回る追いかけっこを始めている。

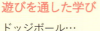

遊びを通した学び
ドッジボール…
「**うまくよけられたよ！**」ボールを投げる友達の動きから、ボールの行方を予想して逃げている。

幼児教育を通して育まれた10の姿
- 協同性
- 言葉による伝え合い

※これらの活動では他にも「健康な心と体」「自立心」「思考力の芽生え」「道徳性・規範意識の芽生え」などの姿も見てとれますが、ここではあえて「ゲーム」に深くつながるものだけを抜粋して記載しています。

小学校の各教科等における資質・能力とのつながり
- ゲームの楽しさに触れ、その行い方を知るとともに、易しいゲームをすること
- 簡単な規則を工夫したり、攻め方を選んだりするとともに、考えたことを友達に伝えること
- ゲームに進んで取り組み、規則を守り誰とでも仲よく運動をしたり、勝敗を受け入れたり、場や用具の安全に気を付けたりすること

| 単元名 | **的あてシュートゲーム** | 【体育科 ボールゲーム】とのつながり |

| 幼児期の遊びを通した学び | 的をめがけてボールを投げたり転がしたり、ボールを止めたり捕ったりする等、ボールを使って遊ぶ中で、動く物をよく見て動くようになります。 |

| 目標 | （知識及び技能）ボールゲームの行い方を知るとともに、簡単なボール操作と攻めや守りの動きによって、易しいゲームをして遊ぶことができるようにする。
（思考力，判断力，表現力等）簡単な規則を工夫したり、攻め方を選んだりするとともに、考えたことを友達に伝えることができるようにする。
（学びに向かう力，人間性等）ボールゲームに進んで取り組み、規則を守り誰とでも仲よく運動をしたり、勝敗を受け入れたり、場や用具の安全に気を付けたりすることができるようにする。 |

| 学習計画 | ①（オリエンテーション）学習のねらいを知り、単元の学習の見通しをもつ。 → ②③④「規則を工夫しながらゲームを楽しもう」規則の工夫を考えながら易しいゲーム（的あてシュートゲーム）を楽しむ。 → ⑤⑥⑦⑧「攻め方を選んでゲームを楽しもう」（本時）チームごとに攻め方を選んで易しいゲーム（的あてシュートゲーム）を楽しむ。 ※丸囲み数字は授業時数 |

【授業展開例】

ボール慣れ 準備運動をして、ゲームにつながる運動遊びを行う。

★教師
- ★いろいろな部位をゆっくり伸ばしましょう。
- ★パスパスタイムです。チームの友達と二人組になって、パス交換をしてみましょう。
  - ●相手が取りやすいパスを心がけることが大事だね。
  - ●両手で投げたり、片手で投げたり、バウンドさせたり、いろいろなパスがあるね。
- ★ボールが怖い場合は、柔らかいボールを使ってもいいですよ。 ●児童

POINT 幼児期の学びを踏まえた指導の工夫
幼児期に経験した用具（ボール）を操作する動きを想起させながら、一人一人が安心してボールを投げたり捕ったりする動きを十分に行えるように、場や時間を設定する。

ゲーム① 学習の進め方や規則、今日の対戦相手を確認し、ゲームを行う。

- ★攻撃は4人、守りは2人です。ボールは2つです。
- ★各チーム3分ずつ攻撃をします。これを2回繰り返します。
- ★的は3つ置きましょう。（一斗缶、段ボール、ペットボトル等）

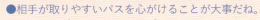
攻め方を選んでゲームを楽しもう。

今だ、足元にシュート！

【攻め方の例】
- ・足元シュート作戦…相手が守りにくいシュートをする
- ・となりにパス作戦…隣にいる味方にパスをして素早くシュートをする
- ・向こう側にパス作戦…反対側にいる味方にパスをして素早くシュートをする

- ●4つの辺に一人ずつ立って攻撃しよう。
- ●パスをするペアを決めると、安心してパスの交換ができるね。
- ●外しても責めないという約束をしたから、思い切って強く投げるようにしよう。

チームの攻め方を意識してゲームを楽しむ

★たくさん点を取っているチームがあったので紹介します。どういう作戦でしたか。
- ●目の前に相手がいたら、ペアの味方にパスをするようにしました。
★パスをもらう味方も、いつでもパスをもらえるように構えて待っていましたね。

POINT 幼児期の学びを踏まえた指導の工夫
ボール操作や友達との関わりに苦手意識をもっている子供には、使用するボールを工夫したり、チーム編成を工夫したりする等、その子供らしさを損なわないように支援する。

作戦タイム ゲーム①を振り返り、気が付いたことや感じたことを友達に伝え、作戦を選び直す。

★教師
- ★もう一度、先程の相手と対戦します。ゲーム①を振り返り、作戦を選び直しましょう。
- ★同じ作戦でも、味方の立つ位置を変えたり、新たにシュート方法を加えたりしてもいいですよ。
  - ●2人ずつペアになって、ペアの味方との距離を近くしよう。
  - ●落ち着いてパスをキャッチしよう。キャッチしたら力いっぱい投げる。
  - ●守るときはボールを持っている人と的の間に立つといいね。 ●児童

ゲーム② チームで攻め方を確認して、もう一度ゲームを行う。

- ★ゲーム中、先生はゲーム①で負けてしまったチームにアドバイスをしますね。
- ★先生は、ゲーム①で点を取れなかった友達にもアドバイスをしますよ。
  - ●先生が一緒に動いて投げるタイミングを教えてくれたよ。
  - ●同じ人ばかりでなく、いろいろな人がシュートをすれば、得点しやすいね。 ●児童

向こう側にいる味方にパスを出す作戦

POINT 幼児期の学びを踏まえた指導の工夫
ゲームの結果や友達との関わりの中で感じた達成感、充実感、満足感、挫折感、葛藤等を、前向きに捉えるように声を掛け、次時への意欲を高める。

まとめ 本時の学習をまとめ、次時への見通しをもつ。

- ★今日うまくできたことや、上手だった友達の動きを学習カードに書きましょう。
  - ●パス交換からのシュートがうまくいったので、気持ちよかったな。
  - ●○○さんは、パスをもらってから投げるのが早いので、真似したいです。
- ★違うチームの作戦も参考にしながら、次の時間も仲よくゲームを楽しみましょう。

幼児期の遊びを通した学び と 体育科 表現リズム遊び とのつながり

遊びを通した学び
チアガールごっこ…
「ここは手を合わせるよ！」
お客さんの前で、自分たちで考えた振りで踊る。みんなで声を掛け合ってこだわりのポーズを決めている。

主体的な学びを引き出す保育者の援助と環境の構成
保育室の一角に積んだ大型積み木を「ステージみたい」と思い付いた幼児の発言を受け止めます。保育者は、チアダンスの曲をいくつか用意したり、どんな衣装にしたいのかかいてみるよう提案したりしながら、自分たちで振りを考えて楽しむ幼児を支えます。

遊びを通した学び
ヒーローショーごっこ…
「ヒーローと悪者は順番こね！」 客席で暴れる悪者役の友達を、長い剣を持ったヒーローが追いかけている。

主体的な学びを引き出す保育者の援助と環境の構成
休日に家族とヒーローショーを見た幼児が、友達に声を掛け遊びが始まります。どちらもヒーローになりたいけれど、悪者がいないとショーが盛り上がらないことも知っています。そこで、役を交代しながら行うことに。保育者は他の幼児と一緒に客役になり、悪者を怖がったりしながらショーを盛り上げ、一体感が高まります。

遊びを通した学び
発表会の衣装づくり…
「こんなドレスを着て踊りたいの！」
自分なりのイメージを絵や言葉で表し、実現に必要な材料を考えている。

遊びを通した学び
衣装を身に付けアイドルごっこ…
「私たち、月組のアイドルです！」 と、おそろいのアクセサリーを真ん中に決めポーズをしている。

主体的な学びを引き出す保育者の援助と環境の構成
憧れのアイドル、見よう見まねで踊る幼児たち。一人がつくったブレスレットに「それいいね！」と他の幼児も色違いをつくります。日頃から遊びに必要なものをすぐにつくり始められるように場を整えておくことで、同じものを身に付けて仲間意識がぐっと高まっていきます。

遊びを通した学び
運動会の後に…
「年長さんの踊りを踊ってみたい！」
と年中児からリクエストされ、みんなと一緒に踊ることを楽しんでいる。

遊びを通した学び
忍者ごっこ…
「怪しい敵、発見！」 と仲間と一緒に自作の武器を構えて立ち向かい、なりきることを楽しんでいる。

幼児教育を通して育まれた10の姿
- 協同性
- 豊かな感性と表現

※これらの活動では他にも「健康な心と体」「自立心」「社会生活との関わり」「言葉による伝え合い」などの姿も見てとれますが、ここではあえて「表現リズム遊び」に深くつながるものだけを抜粋して記載しています。

小学校の各教科等における資質・能力とのつながり
- 表現リズム遊びの楽しさに触れ、その行い方を知るとともに、題材になりきったりリズムに乗ったりして踊ること
- 身近な題材の特徴を捉えて踊ったり、軽快なリズムに乗って踊ったりする簡単な踊り方を工夫するとともに、考えたことを友達に伝えること
- 表現リズム遊びに進んで取り組み、誰とでも仲よく踊ったり、場の安全に気を付けたりすること

| 単元名 | 変身！生き物ワールド | 【体育科 表現遊び】とのつながり |

幼児期の遊びを通した学び　身近な大人や動物、空想上のヒーロー等になりきって、動きを模倣して、体全体を使って表現することを楽しみます。

目標	（知識及び技能）表現遊びの行い方を知るとともに、身近な題材の特徴を捉え、全身で踊って遊ぶことができるようにする。
	（思考力、判断力、表現力等）身近な題材の特徴を捉えて踊る簡単な踊り方を工夫するとともに、考えたことを友達に伝えることができるようにする。
	（学びに向かう力、人間性等）表現遊びに進んで取り組み、誰とでも仲よく踊ったり、場の安全に気を付けたりすることができるようにする。
学習計画	①（オリエンテーション）学習のねらいを知り、単元の学習の見通しをもつ。	②③④⑤「変身！生き物ワールド」（本時）いろいろな生き物に変身する表現遊び（生き物ワールド）を楽しむ。	⑥「生き物ワールド発表会」一番気に入った題材と生き物を選んで発表会をする。

※丸囲み数字は授業時数

【授業展開例】

準備運動
準備運動とリズムダンスで心と体をほぐす。

★教師
- ★今日は体を全部使いますよ。ゆっくり伸ばしましょう。（ゆったりとした曲に合わせて）
- ★リズムに合わせて、体をほぐしていきましょう。（軽快なリズムの曲に合わせて）
  まずは先生の真似をして踊ってみましょう。
  - ●肩や腰を振ったり、体をねじったり回ったり、いろいろな動きが楽しいね。
  - ●友達と手をつないで踊ったり、スキップしたりするのが楽しいな。

POINT　幼児期の学びを踏まえた指導の工夫
生き物という子供たちにとって身近なテーマを設定することで、子供たちの意欲を高めるとともに、全身で踊ることを通して本単元で身に付けさせたい動きを引き出す。

変身する
学習の進め方を確認し、表現遊びを行う。

★教師
- ★ペアの友達と一緒に、いろいろな生き物に変身してみましょう。
- ★今日は「ジャングルの生き物」に変身でしたね。どんな生き物がイメージできますか。
  - ●お腹をすかせたライオン　●水浴びをするゾウ
  - ●木から木へ跳び移るサル　●昼寝をしているゴリラ

変身！生き物ワールド。

- ★体育館中がジャングルだと思って、その生き物になりきって動きましょう。
- ★先生が「変身！」と声を掛けたら、違う生き物に変身してください。
  お気に入りの生き物を見付けましょう。

【他の生き物ワールドの例】
　小さな生き物ワールド
　　→カマキリ、チョウ、ダンゴムシ、クモ、ハチ…
　水の中の生き物ワールド
　　→タコ、サメ、ザリガニ、クラゲ、カメ、アザラシ…

●児童
- ●体全部を使って変身するよ。
- ●○○さんの動きが上手だから取り入れよう。
- ●どんな生き物になればいいか困ったら、先生がつくったヒントカードに書いてある動物をやってみよう。
- ●夢中になりすぎて、友達とぶつからないように気を付けなければいけないね。

高く跳んだり、低く跳んだり
体全部を使って表現を楽しむ

POINT　幼児期の学びを踏まえた指導の工夫
教師やペアの友達に、自分の表現を受け止められることを通して、自分なりの動きで即興的に踊ることの楽しさに触れられるようにする。

- ★気に入った生き物の動きを見付けましたか？

工夫する
気に入った生き物の動きを工夫して楽しむ。

★教師
- ★気に入った生き物の動きに、「大変だ！○○だ！」などのお話を付けてみましょう。
  - ●大変だ！崖から落ちて川に流されちゃったよ！
  - ●お腹がすいて倒れそうだったけれど、ごちそうを見付けたぞ。
  - ●大変だ！ハチの大群が追いかけてくる！
- ★跳んだり、回ったり、ねじったり、這ったり、急に動く速さを変えたり、体全部を使えるといいですね。それでは、お気に入りの生き物に「変身！」

大変だ！争いが始まった！
お話をつくって動きを工夫する

見合う
お互いの動きを見合い、感想を交流する。

★教師
- ★クラスを半分に分けて半分ずつ変身してもらうので、見合って感想を伝えましょう。
  - ●○○さんは、指先や表情までトラになりきっていて、驚きました。
  - ●△△さんのペアは、急に動きが速くなって、大変な様子が伝わってきました。
- ★先生も、すてきな変身を見付けましたよ。例えば…。

POINT　幼児期の学びを踏まえた指導の工夫
見合う時間を確保し、それぞれの表現を友達と認め合い、取り入れたり新たな表現を考えたりすることを楽しむ姿を称賛することで、次時への意欲を高める。

まとめ
本時の学習をまとめ、次時への見通しをもつ。

★教師
- ★楽しかった表現や、上手だった友達の動きを学習カードに書きましょう。
  - ●タカになって、「台風で前に飛べない！」が楽しかった。
  - ●次は○○さんみたいに、跳んだり這ったりしながら表現したいです。

●児童

89

特別の教科 道徳

担当者からのメッセージ

お話 ▶ 鹿児島大学教育学部附属幼稚園
政野 幸恵先生 / 鹿児島大学教育学部附属小学校
榊 将和先生

特別の教科 道徳の特徴

特別の教科 道徳は、学校の教育活動全体で行う道徳教育の要であり、内面的な資質である「よりよく生きるための基盤となる道徳性」を養うことを目指しています。

幼児期では、遊びの中で、友達の気持ちを理解したり、共感したりする中で、きまりを守る必要性を理解し、相手の立場に立って行動することができるようになっていきます。

例えば、幼児期でよくみられる「動植物やぬいぐるみになりきる」「年長クラスの幼児が年少クラスの幼児のお世話をする」といったやり取りは、「親切, 思いやり」「友情, 信頼」といった、小学校学習指導要領における内容項目「B 主として人との関わりに関すること」の視点につながります。「相手の立場に立って考える」「相手の喜びを自分の喜びとして感じる」といった体験を通して、「親切の意義」や「友達の大切さ」などを体得していきます。

こういった体験を豊かにすることで、自己中心性から未脱却の発達段階にある小学校低学年期においても、友達と折り合いを付けていこうとしたり、助け合いながら協働的に活動に取り組もうとしたりする姿につながっていきます。

幼児期の遊びを通した学び

幼児期には、幼児は自分以外の幼児の存在に気付き、社会性が著しく発達していきます。幼児が遊びを通して友達と十分に関わって生活することで、社会性、道徳性が培われていきます。

具体的には…

- 砂場で山や海をつくって遊ぶ中で、自分のイメージを友達に伝えたり友達の言葉を聞いたりして、友達と思いや考えを共有している
- 曲に合わせて自由に表現したり、友達の動きに合わせて動いてみたりすることで、友達と一緒に表現することを楽しんでいる
- お店屋さんごっこをしたいという思いから、イメージした品物を自分たちで作って準備し、年下の子を招待して、優しく接したり、思いやったりしている
- 友達と誘い合って鬼ごっこを始めるとき、鬼決めや逃げる場所などのルールを確認し合い守ろうとしている

特別の教科 道徳　　Contents

「幼児期の遊びを通した学び」と
「特別の教科 道徳」とのつながり

善悪の判断，自律，自由と責任とのつながり……………………92

　[主題名] **よいとおもっても**

家族愛，家庭生活の充実とのつながり……………………94

　[主題名] **かぞくのために**

自然愛護とのつながり……………………96

　[主題名] **だいじにそだてても**

友情，信頼とのつながり……………………98

　[主題名] **わけあったもの**

幼児期の遊びを通した学び と 特別の教科 道徳 善悪の判断，自律，自由と責任 とのつながり

遊びを通した学び
「フルーツバスケットする人この指とまれ」仲間を集めて遊びを始めようとすると、小さい組の子がいたことに気付いた。

主体的な学びを引き出す保育者の援助と環境の構成
4歳児の戸惑いに気付き、どうしたらよいかを考えることができるよう、「どんなルールだったかな」と5歳児に問い掛けます。5歳児は、4歳児にも分かるように話し方を考えます。大勢で遊ぶにはルールを共有する必要があることを実感していきます。

遊びを通した学び
鬼ごっこをしているうちにルールが変わっていき、捕まえることができずに遊びが中断。「みんなで話し合おうよ」と呼び掛けている。

主体的な学びを引き出す保育者の援助と環境の構成
遊びが中断したときを捉えて、「なんだかうまくいかなくなっちゃったね」などと投げ掛け、自分たちで考える姿を見守ります。気持ちや考えを言葉でやり取りする中で、楽しく遊ぶためにはルールを守る必要があることに気付いていきます。

遊びを通した学び
「どこにどの絵本があるか分からないよ」「コーナーをつくってあげる」と、分かりやすい方法を考え、絵や文で示している。

遊びを通した学び
3歳児がかけっこの練習をしていることに気付き、「がんばれ！」と伴走しながら励ましたり、コースから外れないように手を広げて案内したりしている。

主体的な学びを引き出す保育者の援助と環境の構成
年下の子が一生懸命に走る姿を見て、自分にできることを考えて行動する姿を捉え、学級で紹介します。よいと思うことを進んで行おうという意欲や態度につながっていきます。

遊びを通した学び
「待って！そこは掘らないで」「ここに道をつくりたい」と意見の食い違いが起きてしまったが、自分の考えを伝えたり、友達の考えを受け止めたりしている。

遊びを通した学び
「どっちが高いかな」「負けないよ」「こっちの方が高いよ」二組に分かれて小さな積み木の高さ競争をし、負けても気持ちを切り替えて再度挑戦している。

幼児教育を通して育まれた10の姿

● 道徳性・規範意識の芽生え　　● 協同性

※これらの活動では他にも「健康な心と体」「言葉による伝え合い」「思考力の芽生え」などの姿も見てとれますが、ここではあえて「善悪の判断，自律，自由と責任」に深くつながるものだけを抜粋して記載しています。

小学校の各教科等における資質・能力とのつながり

● 身近な人と関わりながら活動することで、してよいことと悪いことがあることを知ること
● 相手の立場に立って行動し、よいと思うことを進んで行うこと

| 主題名 | よいとおもっても　【特別の教科　道徳　善悪の判断，自律，自由と責任】とのつながり |

幼児期の遊びを通した学び

気持ちのぶつかり合いの場面で、ルールを共有しようとしている。
年下の子の手伝いを進んで行おうとしている。

ねらい	よいことをするとは、自分がよいと考えたことを進んで行っていくことであるということに気付き、他者との関わりの中で、自らの体験場面と重ね合わせて多面的・多角的に考え表現することを通して、自分自身の生き方を見つめながら、よいと考えたことを進んで行っていこうとする道徳的判断力を育てる。
内容項目	①第1学年及び第2学年　よいことと悪いことの区別をし、よいと思うことを進んで行うこと。　②第3学年及び第4学年　正しいと判断したことは、自信をもって行うこと。　③第5学年及び第6学年　自由を大切にし、自律的に判断し、責任のある行動をすること。

【授業展開例】

気付く　よいことをすることについての捉えを発表する。

★これまでによいことをしたなと思うことがありますか。
- 年下の子を手伝ってあげたよ。
- 電車で席を譲ったよ。
- 先生の話をしっかり聞くことができたよ。

★みんな、これまでにもたくさんよいと思うことをがんばってきたんだね。

POINT　幼児期の学びを踏まえた指導の工夫
幼児期における遊びや日常生活の中での行動を想起させながら、自他の捉えを比較させる。

さぐる　よいことをすることについての捉えの曖昧さに気付き、考えていきたい問題を見付ける。

★先生は、電車で席を譲ろうと思って立ち上がったけれど、声を掛けられなかったことがあったんだけど、これはよいことをしたと言えるかな。
- 譲ろうと考えたことはいいと思うよ。
- 声を掛けられなかったら、だめじゃないかな。
- どちらとも言えないな。

よいことかよくないことかみんなで考えたいな！

POINT　幼児期の学びを踏まえた指導の工夫
幼児期の学びを生かして、子供たちが自分の気持ちや立場を優先してよいと思うことが難しかった場面を想起できるような発問を設定する。

よいことをするとは、どういうことだろう。

見付ける　教材文を読み、主人公の行動に対する捉えとその理由について話し合う。

★主人公は、よいことをしたと言えるだろうか。
- 言えるよ。友達を助けたからね。
- 助けたとは言えないのではないかな。
- 声は掛けていないから先生の話と似ているよ。
- 注意できていたらよかったと思うな。

★どちらかに決めることは難しそうですね。

どうして言えないと思うの？

深める　話合いの中で生まれた問いについて、さらに話し合う。

★言おうと思っただけでもよいことをしたと言えるのだろうか。
- やっぱり実際に言わないとよいとは言えないよ。
- 後のことや家族や、いろいろな人のことも考えたら言った方がいいよ。

★よいと思ったら進んでやってみることが、大切なのかもしれませんね。

POINT　幼児期の学びを踏まえた指導の工夫
一人一人の気付きを拾い上げながら、クラス全体で共有していくことで、見方・考え方を養っていく。

見通す　学習したことを振り返り、自分なりの考えをまとめる。

★よいことをするとはどういうことかについて自分なりの考えを話し合ってみましょう。
- よいことをすることは、考えたことをやってみることだと思う。
- これからも、よいと思ったら勇気を出してやっていきたい。

★最後に先生の話を聞きましょう。

幼児期の遊びを通した学び と 特別の教科 道徳 家族愛，家庭生活の充実 とのつながり

遊びを通した学び
「**どんな七夕飾りをつくろうかな**」と自分がつくりたい飾りを考えたり、家族の分も飾りをつくったりして、七夕飾り製作を楽しんでいる。

主体的な学びを引き出す保育者の援助と環境の構成
家族と一緒に願い事を考えたり、飾りをつくったりする機会をつくります。幼児は園での出来事を家族に積極的に話し、話す喜びや受け止められる嬉しさを味わい、愛情を感じながら、より一層家族への思いを深めていきます。

遊びを通した学び
「**先生、こんなのをつくったらいいんじゃないかと思って持ってきたよ**」とお家で見付けたチラシを見ながら、お店屋さんごっこに使うチラシをつくっている。

主体的な学びを引き出す保育者の援助と環境の構成
幼児のアイデアを認め、チラシづくりを見守ります。また、チラシをきっかけに、家族との買い物やお店の人とのやり取りなどの体験を想起し、遊びに再現していく中で、自分の生活には様々な人が関わっていることに気付いていきます。

遊びを通した学び
あじさいを見付けて「**先生、切って持って帰ってもいいですか**」「**ママにあげるの**」と園庭で花を探して花束をつくっている。

遊びを通した学び
「**今日はお姉ちゃんの誕生日だからケーキをつくっているの**」「**これはプレゼント**」と、大好きな家族が喜ぶように考えながらつくっている。

主体的な学びを引き出す保育者の援助と環境の構成
誕生日をお祝いしたい、喜ばせたいという幼児の思いが実現するよう、使い慣れた廃材の他にもイメージをくすぐるような材料を要求に応じて出せるように用意しておきます。

遊びを通した学び
園で収穫したアンズの実でジャムをつくることが決まると、「**お母さんが、砂糖が必要だって言ってたよ**」と教わったやり方を嬉しそうに話しながらつくっている。

遊びを通した学び
「**取って**」「**早く**」など親子で様々なゲームをしながら、親子で触れ合う時間を楽しんでいる。

幼児教育を通して育まれた10の姿
- 社会生活との関わり
- 自立心

※これらの活動では他にも「道徳性・規範意識の芽生え」「思考力の芽生え」「豊かな感性と表現」などの姿も見てとれますが、ここではあえて「家族愛，家庭生活の充実」に深くつながるものだけを抜粋して記載しています。

小学校の各教科等における資質・能力とのつながり
- 家族が自分にとってかけがえのない存在であるという気持ちをもつこと
- 家族のために自分ができることを考えて役に立つことを行うこと

| 主題名 | かぞくのために | 【特別の教科 道徳　家族愛，家庭生活の充実】とのつながり |

幼児期の遊びを通した学び
見付けた花や木の実を持ち帰って、家族を喜ばせようとしている。
家族のために、作品を製作しようとしている。

ねらい
家族を手伝うことは、家族の役に立つ喜びを感じられるよさがあるということに気付き、他者との関わりの中で、自らの体験場面と重ね合わせて多面的・多角的に考え表現することを通して、自分自身の生き方を見つめながら、家族のために自分にできることを進んでしていこうとする道徳的心情を育てる。

内容項目
①第1学年及び第2学年
父母、祖父母を敬愛し、進んで家の手伝いなどをして、家族の役に立つこと。

②第3学年及び第4学年
父母、祖父母を敬愛し、家族みんなで協力し合って楽しい家庭をつくること。

③第5学年及び第6学年
父母、祖父母を敬愛し、家族の幸せを求めて、進んで役に立つことをすること。

【授業展開例】

気付く　家での手伝いについて発表し、なぜ手伝うのかについて話し合う。

★園にいたときは、家族のために、どんなことをしたことがあるかな？
- 家族のために、プレゼントをつくったことがあったよ。
- 洗濯物をたたんだことがあったよ。

★みんなは、どうしてお手伝いをしているのかな？
- 家族が喜ぶから。
- 親にお願いされるから。

★他にも、お手伝いをする理由ってあるのかな？

（言われたらやっていたので、考えたことがなかったな！）　●児童

POINT　幼児期の学びを踏まえた指導の工夫
幼児期におけるお手伝いの経験を想起させながら、意見を出し合うことができるようにする。

どうして　おてつだいをすると　よいのかな。

さぐる　教材を読んで、手伝いをする理由について話し合う。

★楽しいことをしているのに、お手伝いに行くことができるだろうか。
- 途中でやめて手伝うのは難しいよ。
- 夜中まで働いているお母さんのことを考えたらできる。
- 手伝ってあげたいけれど、遊びたい気持ちもある。

POINT　幼児期の学びを踏まえた指導の工夫
幼児期の学びにおける家族との触れ合いや手伝って喜ばれた経験等を想起できるようにする。

見付ける　遊びをやめてまで手伝いをすることができるか、さらに話し合う。

★遊ばせてくれてもよいのではないだろうか？　主人公になりきって、発表してみよう。
- 子供だから甘えてもいいのではないかな。
- 遊びは、後でもできるけれど、お手伝いはその時しかできない。
- 今しないと、お母さんが一人ですることになる。
- 手伝った方が、お母さんが助かる。

　●児童

★○○さんは、どんな気持ちで「甘えてもいいのではないか」と言ったのかな？
- 自分も「ちょっと待って」ってお母さんに言うことがあるよ。
- 確かに「今遊んでるの」と言うことがあるな。

POINT　幼児期の学びを踏まえた指導の工夫
役割演技を行い、主人公の心情に自我関与させながら、表出された考えをクラス全体で共有していくことで、見方・考え方を養っていく。

深める　家族を手伝うことのよさについて話し合う。

★手伝うことは誰のためになるのだろう。
- お母さんが、少しでも早く眠ることができる。
- 自分が手伝えば、家族と一緒に遊ぶ時間が生まれる。

★家族を手伝うことで、自分にとってもいいことがあるのかもしれないね。

　●児童

（お母さんを手伝えば早く終わる！）

見通す　本時の学習をまとめ、生かしていきたいことを考える。

★手伝いをするよさについて、話し合ってみましょう。
- 家族が楽になるだけでなく、自分も嬉しくなるね！
- 自分のことを自分でするだけでも、役に立つと思うよ。

★最後に先生の話を聞きましょう。

　●児童

幼児期の遊びを通した学び と 特別の教科 道徳 自然愛護 とのつながり

遊びを通した学び
たくさん集めたどんぐりをよく見ると、形に違いがあることに気付いた。**「これは何だろう」**と図鑑と照らし合わせ、種類ごとに分けている。

主体的な学びを引き出す保育者の援助と環境の構成
幼児の気付きに応じて、図鑑や種類分けに使えそうな容器を準備します。「この種類が少ない」「もっと集めたい」などの思いを捉えて、「どこにあるかな」などと問い掛けることで、身近な自然への興味や関心が広がっていきます。

遊びを通した学び
池にいるエビやメダカを捕まえた。**「水族館にして他のクラスの友達にも見せたい」**と水槽に入れて大切にお世話をし、水族館ごっこを始めた。

主体的な学びを引き出す保育者の援助と環境の構成
捕まえた嬉しさから大切に育てたい、見せたいと幼児の心が動いていったことを大切に、幼児自ら場づくりができるよう環境を整えます。水族館ごっこを進める過程で、友達と考えを伝え合い、生き物を飼育する意識や愛着が芽生えていきます。

遊びを通した学び
たくさんの落ち葉を集めてその中に寝転び**「先生見て！ 葉っぱのお布団」**と葉っぱのすれ合う音や匂いなど様々な感触を味わっている。

遊びを通した学び
自分たちで育てているキュウリが大きくなると**「先生、キュウリ食べたい」**と思いが膨らみ、**「何にして食べる？」「サラダにしよう」**と思いを伝え合っている。

主体的な学びを引き出す保育者の援助と環境の構成
衛生面や安全面に配慮しながら、育てた野菜を食べたい思いを実現していきます。植物の世話をしてきたことが、実がなる嬉しさや収穫の喜びにつながることを感じていきます。

遊びを通した学び
伐採された木の枝を見て**「木の家を建てたい」**という思いをもった。**「この枝を使おう」「こっちの方がいいよ」**など友達とイメージを共有しながら枝を探している。

遊びを通した学び
テントの上にバッタを発見。**「届かないよ」「椅子を持ってきて」「ぼくの方が背が高いから届くよ」**とバッタを捕まえるために試行錯誤している。

幼児教育を通して育まれた10の姿

- 自然との関わり・生命尊重
- 思考力の芽生え

※これらの活動では他にも「道徳性・規範意識の芽生え」「協同性」「数量や図形、標識や文字などへの関心・感覚」などの姿も見てとれますが、ここではあえて「自然愛護」に深くつながるものだけを抜粋して記載しています。

小学校の各教科等における資質・能力とのつながり

- 身の回りの動植物に触れて様々に心を動かす体験を積み重ねながら、身近な自然に親しみをもつこと
- 動植物の成長の過程を間近に見ながら愛着をもち、大事に守り育てようとする気持ちをもつこと

| 主題名 | だいじにそだてても | 【特別の教科 道徳　自然愛護】とのつながり |

幼児期の遊びを通した学び
落ち葉や生き物に触れるなど自然と関わろうとしている。
園庭で見付けたどんぐりを図鑑で進んで調べようとしている。

ねらい
生き物に優しくするとは、生き物についてよく知ることが大切であるということに気付き、他者との関わりの中で、自らの体験場面と重ね合わせて多面的・多角的に考え表現することを通して、自分自身の生き方を見つめながら、生き物を大切にしていこうとする道徳的心情を育てる。

内容項目
①第1学年及び第2学年
身近な自然に親しみ、動植物に優しい心で接すること。

②第3学年及び第4学年
自然のすばらしさや不思議さを感じ取り、自然や動植物を大切にすること。

③第5学年及び第6学年
自然の偉大さを知り、自然環境を大切にすること。

【授業展開例】

気付く
生き物に優しくできた経験とできなかった経験を発表し合う。

★教師

★これまでに、生き物に優しくできたことってありますか？
●池にいるエビやメダカを捕まえて、育てたよ。
●ペットのお世話をしているよ。
★園の生活の中で、何か育てたことがあったかな？
●青虫を育てて、ちょうちょになったよ。
●バッタを捕まえたこともあったよ。
★みんな、たくさん生き物と触れ合ってきたんだね。

●児童

POINT　幼児期の学びを踏まえた指導の工夫
幼児期における自然と触れ合った経験について事前アンケートを生かして、想起することができるようにする。

さぐる
日常生活の中にありそうな問題を提示し、考えたいことを話し合う。

★先生も子供の頃、くわがたを育てていたのだけれど、途中で死んでしまったんだ。これは、生き物に優しくできたと言えるかな。
●大事に育てていたのなら仕方ないと思うよ。
●優しいとは言えないけど、難しいね。
●最後まで育てられたらよかったと思う。

自分にもそんなことあったな！それは、優しいと言えるか難しいな

●児童

POINT　幼児期の学びを踏まえた指導の工夫
幼児期の経験の想起から、自分の捉えと自分の行動の矛盾に気付くことができるようにするなど、主体的に考えたい問いを見いだすことができるようにする。

いきものにやさしいとは、どういうことだろう。

見付ける
教材を読んで、生き物に優しくすることについて話し合う。

★教師

★主人公は、生き物を大切にしていたのだろうか？
●大切にしていたと思うよ。
●自然が大好きだからいいと思うよ。
●捕まえるのは、生き物の家族が可哀想じゃないかな。
●捕まえたい気持ちも分かるな。

大事に育てたら優しさが伝わるんじゃないかな？

●児童

深める
話合いの中で出てきた問いについて、さらに話し合う。

★大事に育てることは、生き物に優しくすることにならないのだろうか。
●大事にしたら、気持ちは伝わると思うな。
●本当に、その生き物のことを考えたら、狭い虫かごで育てるのは、可哀想だと思う。
●その生き物はどういう場所に住んでいるのかをよく考えたい。

●児童

POINT　幼児期の学びを踏まえた指導の工夫
一人一人の気付きを取り上げながら、クラス全体で共有していくことで、見方・考え方を養っていく。

見通す
学習したことについて感想をもち、今後に生かしていきたいことを考える。

★生き物に優しくするとは、どういうことだと考えましたか。話し合ってみましょう。
●生き物の立場に立って考えたい。
●生き物について、よく知ることが大切だと思う。
●生き物に合った住む場所があると思った。
★最後に先生の話を聞きましょう。

●児童

幼児期の遊びを通した学び と 特別の教科 道徳 友情，信頼 とのつながり

遊びを通した学び
「ここの方がいいよ」「ぼくにも貸して」など、友達と話し合い、時には意見の違いに折り合いを付けながら、友達と一緒にはしごをつくりあげている。

主体的な学びを引き出す保育者の援助と環境の構成
道具の準備をし、道具を安全に使うことができるように見守ります。同時に、自分たちではしごをつくりあげることができる場所と時間を保障します。このような遊びを通して幼児は、友達と一緒にやり遂げた喜びを味わっていきます。

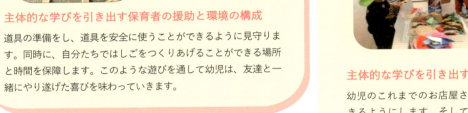

遊びを通した学び
「ポテトもつくらない？」「いいね！」お店屋さんごっこで使うものをイメージし、自分の意見を伝えたり、友達の思いや考えに共感したりしている。

主体的な学びを引き出す保育者の援助と環境の構成
幼児のこれまでのお店屋さんごっこの経験を思い出すことができるようにします。そして、どうしたら盛り上がったか聞いてみるようにします。このような援助は、幼児が自分自身のよかったことや足りなかったことに気付き、実践しようという意欲の高まりにつながっていきます。

遊びを通した学び
「この高さはどう？」「待って。こっち側の方がいいよ」と友達と一緒に試行錯誤しながら遊んでいる。

遊びを通した学び
「そっち持って」「引っ張るよ」と屋根のシートを付けるために、友達と協力したり、相手のことを思いやったりしている。

主体的な学びを引き出す保育者の援助と環境の構成
一人では持てない大きなシートを準備することで、友達と声を掛け合いながらシートを上からかけたり、中から引っ張ったりすることができるようにします。このような遊びを通して、幼児は友達と助け合ったり、協力したりすることの大切さを実感していきます。

遊びを通した学び
「私、最後に走りたい」「ぼくも最後がいい」と意見が重なっても、自分たちで話し合い、相手を思いやって譲っている。

遊びを通した学び
「幼稚園に怪獣がいる」と園庭に残された大きな足跡を手掛かりに、イメージしたことを伝え合っている。

幼児教育を通して育まれた10の姿

● 協同性　　●道徳性、規範意識の芽生え

※これらの活動では他にも「思考力の芽生え」「健康な心と体」「言葉による伝え合い」などの姿も見てとれますが、ここではあえて「友情，信頼」に深くつながるものだけを抜粋して記載しています。

小学校の各教科等における資質・能力とのつながり

● 友達の気持ちに共感したり、折り合いを付けたりしながら、友達と仲よく活動すること
● 友達と関わる中で、共通の目的の実現に向けて、協力したり、助け合ったりすること

| 主題名 | わけあったもの | 【特別の教科 道徳　友情，信頼】とのつながり |

幼児期の遊びを通した学び
友達と助け合ったり協力したりすることの大切さを感じている。
友達と話し合い、折り合いを付けながら、一緒に活動している。

ねらい　友達がいることで、互いに助け合えたり、より仲よくなれたりするというよさに気付き、他者との関わりの中で、自らの体験場面と重ね合わせて多面的・多角的に考え表現することを通して、自分自身の生き方を見つめながら、友達と助け合って生活していこうとする道徳的判断力を育てる。

内容項目
- ①第1学年及び第2学年　友達と仲よくし、助け合うこと。
- ②第3学年及び第4学年　友達と互いに理解し、信頼し、助け合うこと。
- ③第5学年及び第6学年　友達と互いに信頼し、学び合って友情を深め、異性についても理解しながら、人間関係を築いていくこと。

【授業展開例】

気付く
子供自身の友達についての捉えを発表し合い、考えていきたい問題に気付く。

★教師

★友達ってみんなにとって、どんな人ですか。
- ●一緒に遊べる人。
- ●何か貸したり借りたりできる人。

★そんな友達がいると、どんないいことがあるかな。

●児童

POINT　幼児期の学びを踏まえた指導の工夫
幼児期における友達と協働的に活動した経験を事前アンケート等で想起できるようにする。

ともだちがいるよさとは、なんだろう。

さぐる
教材を読んで、考えていきたい問題について話し合う。

★教師

★お話を聞いて、どんなことを思ったかな。
- ●うさぎさんが優しい。
- ●この後、きつねさんが、どうしたのか気になる。

★この後、2人はどうなるのだろう。実際に、動物になってお話ししてみよう。
- ●ごめんね。ぼくが見付けたどんぐりもあげるよ。
- ●2人でどんぐりを食べよう。

●児童
お面をかぶってなりきってお話ししたいな！

POINT　幼児期の学びを踏まえた指導の工夫
幼児期のごっこ遊びの経験を生かして、登場人物の気持ちを考えた役割演技ができるようにする。

見付ける
登場人物にとっての友達がいるよさについて話し合う。

★教師

★2人に、友達がいるよさがあるだろうか。
- ●助けてもらえるよ。
- ●役に立って嬉しいと思うよ。
- ●片方にとってのよさしか分からないな。
- ●助けた方も、友達の役に立って、嬉しいよさがあるよ。

●児童
友達が助かったら、自分も嬉しくならない？

深める
話合いの中で生まれた問いについて、さらに話し合う。

★教師

★友達を助けた方も嬉しい気持ちになるのだろうか。
- ●どちらも嬉しくなると思うよ。
- ●ぼくも、友達を助けて嬉しくなったことがあるよ。

★友達は、お互いにとってよいことがある関係なんだね。

●児童

POINT　幼児期の学びを踏まえた指導の工夫
一人一人の気付きを取り上げながら、クラス全体で共有していくことで、見方・考え方を養っていく。

見通す
学習したことを振り返り、自分なりの考えをまとめる。

★教師

★授業を通して、友達がいるよさをどう考えましたか。
- ●友達がいると、お互いに助け合ってどちらも嬉しくなるよさがありそうだな。
- ●もっともっと仲よくなれるというよさもありそうだよ。

★最後に先生の話を聞きましょう。

特別活動

担当者からのメッセージ

お話

滋賀県大津市幼保支援課
伊東 直美先生 / 滋賀県大津市立石山小学校
忽那 沙知先生

特別活動の特徴

　特別活動は、子供たちが仲間と共に様々な集団活動をする中で、「集団や社会の形成者としての見方・考え方」を働かせ、互いのよさを生かしながらよりよい人間関係を形成し、自分たちの力で明るく楽しい学校生活をつくりだすために取り組み、自分のよさや可能性を生かしてなりたい自分に向けて諦めずに努力をするなどの資質・能力を育む教育活動です。

　幼児期の子供たちは、遊びの中で自分を発揮しながら友達と関わり、一緒に活動する楽しさや協力してできた喜びを感じています。一緒に遊ぶ楽しさを味わっているので、思いがぶつかっても、自分も友達も楽しく遊べる方法を考え、譲り合うなどしてきました。また、「もっと楽しく遊びたい」と感じたときに、遊び方を工夫したり、ルールをつくったり変えたりしてきた経験もあるはずです。

　このような遊びの中で培ってきた人との関わりに関する学びをもとに、小学校では、さらに人間関係や活動の範囲を学級や学校に広げていきます。

幼児期の遊びを通した学び

　幼児期は、友達と関わる中で、様々な出来事を通して多様な感情体験をし、友達との関わりを深めていきます。友達や保育者と生活を共にする中で、気付きや必要感をもって、自分たちでルールやマナーなどを考えているのです。

具体的には…

● 自分たちが遊びや生活の中で気付いたことや困ったことを、その場で友達と話し合ったり、クラスのみんなで考えたり振り返ったりして、明日の遊びや生活に生かそうとする

● 自分の身の回りの持ち物や遊びで使うものを、自分たちが使いやすいように並べて準備したり片付けたりする

● 小学校への憧れの気持ちをもち、小学生や先生と交流したり、小学校へ遊びに行ったりすることを楽しむ。また、自分たちの遊びの中でも小学校で体験したことを再現するなど、小学校生活をイメージしながら楽しみにする

特別活動

Contents

「幼児期の遊びを通した学び」と「特別活動」とのつながり

学級活動（1）とのつながり ……………………………………………………102

[議題名] **がんばったね集会をしよう**

学級活動（2）とのつながり ……………………………………………………104

[題材名] **じぶんできれいに**

学級活動（3）とのつながり ……………………………………………………106

[題材名] **2年生にむけて**

学校行事とのつながり ……………………………………………………108

[行事名] **うんどうかい**

幼児期の遊びを通した学び と 特別活動 学級活動（1） とのつながり

遊びを通した学び
うさぎのお世話で…
「ご飯を食べて大きくなってね」と、自分にできることを考えながら世話をしたり、友達と仕事を分担したりしている。

主体的な学びを引き出す保育者の援助と環境の構成
生き物と触れ合う中で、思いを寄せたり自分たちに何ができるのかを考えたりします。自分の思う通りにいかないことにぶつかりながら、相手の立場に立って考えることにもつながります。

遊びを通した学び
当番活動を通して…
「今日のお休みは0人です」クラスの一員として友達と一緒にできるお仕事を考え、欠席カードを職員室に届けに行っている。

主体的な学びを引き出す保育者の援助と環境の構成
クラスの中で自分にできることを考えたり、役に立つ喜びを感じたりしていきます。幼児が「これがしたい」と思えるように投げ掛けることで、必要感をもって取り組むことにつながります。

遊びを通した学び
ルールを考えよう！
「順番にしたらどうかな」とより楽しくなるように話し合い、ルールを考え工夫しながら遊びを進めている。

遊びを通した学び
誕生会を楽しくしよう…
「こんなお祝いのプレゼントはどうかな」どんなお祝いをすると友達が喜ぶか、相手の立場に立って考えたりやってみたりしている。

主体的な学びを引き出す保育者の援助と環境の構成
例年通りではなく、今の幼児たちが考えていることをどうすれば実現していけるのか、幼児が主体的に企画していけるよう、保育者は思いを引き出すことを大切にします。

遊びを通した学び
振り返りの場面で…
「順番が分からなかったな」遊びの中で困ったことなどいろいろな友達の思いに触れ、伝えたり聞いたりしている。

遊びを通した学び
片付け中…
「こっちから巻くよ」どちらから巻くのか、互いに様子を見合って声を掛けながら、片付けをしている。

幼児教育を通して育まれた10の姿

● 協同性　　● 豊かな感性と表現

※これらの活動では他にも「自然との関わり・生命尊重」「言葉による伝え合い」などの姿も見てとれますが、ここではあえて「学級活動（1）」に深くつながるものだけを抜粋して記載しています。

小学校の各教科等における資質・能力とのつながり

● 学級や学校における生活づくりへの参画
　学級生活をよりよくするための課題を見いだし、解決するために話し合い、合意形成を図り、実践する力

| 議題名 | がんばったね集会をしよう　【特別活動　学級活動（1）】とのつながり |

幼児期の遊びを通した学び　保育者の助けを借りながらどうするとよいかを考え、誕生会の司会をしている。
遊びの中で困ったことを出し合い、ルールや順番を変えながら、より楽しく遊べるようにしている。

目標	（知識及び技能）みんなで学級生活を楽しくすることの大切さを理解し、基本的な合意形成の手順や活動の方法を身に付けるようにする。 （思考力、判断力、表現力等）学校生活を楽しくするための課題を教師と共に見いだし、話し合い、他の児童の意見を聞いて合意形成を図り、仲よく実践することができるようにする。 （学びに向かう力、人間性等）学級を楽しくするために、役割を意識して楽しんで集団活動に取り組もうとする態度を養う。
学習計画	**事前の活動**　自分たちの生活の中から共同の問題を見付け、議題を選定する。話合いの計画を立て、自分の考えをもつ。／**本時の活動**　学級会を開き、みんなで意見を出し合ったり、比べ合ったりしながら話し合う。意見をまとめ、集会ですることや必要な役割を決める。（合意形成）／**事後の活動**　みんなで決めたことを、役割分担をして、協力して実践する。集会の実践の振り返りをする。

【授業展開例】

事前の活動　学級生活における問題から課題を見付け、議題を学級全員で決定する。
話合いの計画を立て、学級会の準備をする。

★1学期みんなでいろいろなことをがんばってきたね。もう少しで長い夏休み。しばらくみんなに会えないから、その前にみんなで集会をしたらどうかな。
（他の学年のお楽しみ会等の写真を見せて）これまでに集会をしたことはあるかな？
●お誕生日会をしたことがあるよ。　●七夕集会があったよ。
★みんなの力で集会を開いてみよう。1学期をどんな気持ちで終わるといいかな？
●みんなで楽しかったねと思えるといいな。　●みんなで仲よく遊びたいな。
●楽しく終わったら、2学期もがんばろうと思えるよ。
★では、1学期を楽しく終え、2学期もまたみんなでがんばろうと思える
「1学期がんばったね集会」を考えよう。

> **1がっきがんばったねしゅうかいで　なにをするか　きめよう。**

★何をするのがよいと思うか、自分の考えを学級会ノートに書きましょう。

POINT　幼児期の学びを踏まえた指導の工夫
園の生活の中では、どのような集会をして楽しんできたのか尋ね、集会についてのイメージを広げ、小学校ではそれらを自分たちの力で行うこと知らせ、「やってみたい」という意欲を高める。

POINT　幼児期の学びを踏まえた指導の工夫
学級会の入門期なので、最初は教師も司会や黒板記録をする。慣れてきたら、司会グループの子供と一緒に教師も司会係になったり、学級会の進め方や気を付けることを全体に指導したりして、学級の全員が、学級会のやり方を理解できるようにする。

出し合う　「話し合うこと」について自分の考えを発表し合う。

●司：「1学期がんばったね集会で何をするか」について発表してください。
★友達の意見は、「うんうん、○○さんは〜と考えたんだぁ」としっかり聞きます。
●私は、フルーツバスケットがいいと思います。休み時間にみんなで遊んで楽しかったからです。
●ぼくは、伝言ゲームがいいと思います。みんなで協力できるからです。
●私は、教室を飾りたいです。わけは、保育園のときに飾りがあって、嬉しかったからです。

比べ合う　提案理由の「1学期を楽しく終わって、またがんばろう」と思える集会にするには、何をするのがよいか、賛成意見や反対意見を聴き合い、話し合う。

●司：「1学期がんばったね集会」では、何をするのがいいと思いますか。
★提案理由を考えながら、わけを付けて、意見を言えるといいですね。
●ぼくは、フルーツバスケットがいいと思います。わけは、この前の雨の日に、みんなに人気だったからです。
●私は、いすとりゲームは、座れなくなったら参加できなくなるので、ずっと遊べる遊びがいいです。

【板書例】

まとめる　いろいろな意見の違いを認め合い、折り合いを付けながら、みんなで「1学期がんばったね集会」ですることを決める。（合意形成）

★たくさん意見が出ましたね。どれも楽しそうだけれど、全部はできないね。どうやって決めようか？
●鬼ごっこに賛成の人が多かったから、それに決めるのがいいと思うな。
★賛成の意見が少ないものも、大切な意見だから、どれも大切にしようね。
★似ている遊びはどれかな？（先生が出た意見を黒板で分類・整理していく。）
（早く決まれば、残った時間で役割分担をし、実践につなげる。）
★どんな役割があれば、「1学期がんばったね集会」ができるかな？
●司会をする人がいるね。　●はじめと終わりに言葉を言う人がいたよ。
●幼稚園のときに、プログラムがあったよ。　●教室の飾り係をしたいな。

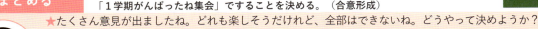

POINT　幼児期の学びを踏まえた指導の工夫
これまでにやってきた集会のプログラムや進行を思い出させ、役割分担を決めることで、当日は子供たちの力で進められるようにする。

事後の活動
1. 決めたことを実践する。みんなで「1学期がんばったね集会」をしよう。
2. 集会でがんばったことやできるようになったことを振り返る。

★今日の集会は何のためにするのでしたか？　今日がんばることは何ですか？
●楽しく終われるようにするんだよ。　●お友達に優しくしたいな。
★「1学期がんばったね集会」は、みんなで協力してできましたね。
お友達のがんばっていたところを見付けられましたか？
●プログラムに絵があって、楽しかったよ。
●飾りが間に合わないとき、○○さんがみんなに手伝ってあげてと呼び掛けてくれて嬉しかったよ。
★2学期もみんなで学級会をして、楽しい1年○組さんにしようね。

私たちでできた！　みんなで協力すると楽しいな。またやりたいな!!

POINT　幼児期の学びを踏まえた指導の工夫
実践を終えた後は、互いのよかったところや次にやってみたいことを振り返り、次の学級会につなげる。

幼児期の遊びを通した学び と 特別活動 学級活動（2） とのつながり

遊びを通した学び
お茶を飲んでいたら…
「**こぼれちゃった**」「**雑巾、ここにあるよ**」と、自分たちで考えて困りごとに対応していく。みんなで使う場を心地よく整えようとしている。

主体的な学びを引き出す保育者の援助と環境の構成
いつでも誰でも使えるように、決まった場所に雑巾などを用意してあります。保育者は片付ける姿を見せたり、「どうしたらいいかな」と周囲に投げ掛けたりして、自分たちで解決に向かえるようにします。

遊びを通した学び
片付けの時間…
「**明日も使うからここに置いておこう**」と、明日の遊びへ見通しと期待をもって、片付けを楽しんで行っている。

主体的な学びを引き出す保育者の援助と環境の構成
幼児たちが自分たちで決めたということを大切にします。今日感じたことを振り返ることができるような投げ掛けをすることで、明日への思いがより具体的になっていきます。

遊びを通した学び
地震がきたら…
「**ダンゴムシみたいにまるまって**」と、言葉や動きでどう行動したらよいのか知り、やってみようとする。

遊びを通した学び
話合いの場面で…
「**なんでいけないの？**」「**だって…だから**」と、相手の言葉を聞き、違いに気付いたり、どうすればよいのか考えたりする。

主体的な学びを引き出す保育者の援助と環境の構成
気持ちの出し方が端的で相手に伝わりにくい場面もあります。相手に伝わった嬉しさを味わえるよう、保育者が受け止め具体的に言い方を示したり、意図的に伝え合いの場面をつくったりし、寄り添う気持ちを育みます。

遊びを通した学び
お弁当の時間…
「**みんなで食べるとおいしいね**」と、友達と一緒に弁当を楽しく食べ、食事のマナーを知ったり食べ物への興味・関心をもったりする。

遊びを通した学び
身支度の場面で…
「**見て、服がたためるようになったよ**」保育者に認められ、喜んで自分のスモックをたたんだり片付けたりする。

幼児教育を通して育まれた10の姿

- 健康な心と体
- 道徳性・規範意識の芽生え

※これらの活動では他にも「自立心」「社会生活との関わり」「思考力の芽生え」などの姿も見てとれますが、ここではあえて「学級活動（2）」に深くつながるものだけを抜粋して記載しています。

小学校の各教科等における資質・能力とのつながり

- 基本的な生活習慣の形成
- 身の回りの整理や挨拶などの基本的な生活習慣を身に付け、節度のある生活にする力

| 題材名 | じぶんできれいに | 【特別活動　学級活動(2)】とのつながり |

幼児期の遊びを通した学び
遊び終わったら使ったままにせず、次に使う人のことも考えて進んで片付けたり、「明日も使うからここに置いておこう」と明日の遊びへの期待を込めながら、片付けも楽しんで行う。

目標
- （知識及び技能）自己の身の回りの整理整頓に係る諸課題の改善に向けて取り組むことの意義を理解し、基本的な生活を送るための知識や行動の仕方を身に付けるようにする。
- （思考力、判断力、表現力等）自己の身の回りの整理整頓に係る諸課題を知り、解決方法などについて話し合い、意思決定して実践することができるようにする。
- （学びに向かう力、人間性等）自己の生活をよりよくするために、見通しをもったり振り返ったりしながら、進んで課題解決に取り組み、他者と仲よくしてよりよい人間関係を築こうとする態度を養う。

学習計画
事前の活動	本時の活動	事後の活動
自分の持ち物の片付けができているかアンケートをする。	身の回りを自分できれいに片付けるよさに気付き、どうしたら片付けができるのか、解決方法を話し合い、自分のめあてを決める。（意思決定）	自分が決めたことを実践する。帰りの会で、ワークシートに印をつけながら、振り返りを行う。

【授業展開例】

つかむ
身の回りを整理整頓することについて、課題に気付く。

★教師

- ★（学習で使うものが見付からずに困っている様子の絵等を見せて）この子はどうしたのかな？
  - ●物がなくて困っているよ。　●片付けをしなかったからだよ。
- ★片付けができないと、どうして困るのかな？
  - ●ノートや教科書がないと勉強ができないよ。　●友達を待たせちゃうよ。
  - ●ロッカーからランドセルがはみ出ているとつまずいて危ないよ。

●児童

> じぶんもみんなもきもちよくすごすためには、
> どのようにせいとんすればいいのかな？

POINT　幼児期の学びを踏まえた指導の工夫
園でも、毎朝登園後の身支度や片付けをしてきた。それらの経験を思い出させ、物が増えた小学校でどうすればよいかを考えられるように、園の棚や靴箱の写真を用意する。

さぐる
片付けがうまくいかない原因を明らかにして、身の回りをきれいにする必要性を実感する。

★教師

- ★園では、どんなものをどこに片付けていたかな？
  - ●かばんや帽子は、毎朝棚に入れていたよ。
  - ●のりやはさみは入れるところがあったよ。
- ★園でもやってきたけれど、今、片付けができなくて困っているのは、どうしてかな？
  - ●算数セットとか体操服とか、使うものが増えたから片付けが大変になったよ。
  - ●机の中やロッカーと、片付ける場所が多くなったよ。

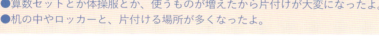
●児童

グループの友達と一緒に考えよう！！

見付ける
みんなで話し合い、身の回りをきれいに使いやすく片付けられる方法を考える。

- ★小学校で増えた道具を片付けるときに、困っていることは何かな？
  - ●引き出しと大きさが合わなくて困ってるよ。
  - ●机の横にかけている袋が汚れて困ったよ。
- ★みんなどうしているかな？　困っている人に教えてあげて。
  - ●いつも入れる場所を決めておくといいよ。
  - ●細かいものは、袋にまとめるといいよ。
- ★実際に自分のものを片付けてみよう。

○○さんのと同じように入れたらうまくできた！
●児童

決める
話し合ったことや片付けをやってみたことをもとに、これからがんばる具体的なめあてを一人一人が決める。（意思決定）

- ★みんなでやってみて、片付ける方法に気付いたね。これから自分ががんばることを考えましょう。
  - ●引き出しの中がぐちゃぐちゃにならないように、決めたところに入れるのをがんばる。
  - ●下駄箱に靴を置くときは、きれいに見えるように、かかとをきちんとそろえる。
  - ●廊下に体操服袋が落ちていたら、声を掛けたり、拾ってかけてあげたりしよう。

POINT　幼児期の学びを踏まえた指導の工夫
一人一人のめあてを聞き合い、学級全体で共有していくことで、小学校はみんなで一緒にがんばるという意識付けを行う。

事後の活動
1. 決めたことを実践する。みんなで「1ねん○くみ　きれいだいさくせん」をしよう。
2. 自分で決めたことができたか振り返る。

- ●引き出しに入れる場所を決めたから、はみ出すことがなくなったよ。
- ●使ったらすぐに元の場所に片付けるようにしたら、用意も早くなったよ。
- ●△△さんが、きれいだねってほめてくれて、嬉しかったよ。これからもがんばる。
- ●□□さんに教えてもらったら、もっときれいになったよ。
- ●6年生の下駄箱は、ピシッとそろっていたよ。私たちもあんな風にできるようになりたいな。

★自分で決めたことを振り返って、できることをもっと増やしていこうね。

〜ができるようになったから、次は〜しよう！
●児童

POINT　幼児期の学びを踏まえた指導の工夫
ワークシートを用意し、毎日自分で決めたことができたかの振り返りを行うとともに、友達のがんばりも認め、励まし合いながら実践できるようにする。

幼児期の遊びを通した学び と 特別活動 学級活動（3） とのつながり

遊びを通した学び
小学生との交流を通して…
「5年生って、かっこいいね」
交流で出会った5年生と一緒に過ごすことを楽しみ、憧れの気持ちをもっている。

主体的な学びを引き出す保育者の援助と環境の構成
小学生のお兄さん・お姉さんや先生と出会う機会をもつことで、幼児が小学校を身近に感じたり、期待をもったりしていきます。小学校入学後も知っている人がいるという安心感にもつながります。

遊びを通した学び
自分の目標に向けて…
「竹馬に乗れるようになりたいんだ」 自分なりに決めた目標に向けて、取り組んだり、できるようになった喜びを感じたりしている。

主体的な学びを引き出す保育者の援助と環境の構成
幼児自身が目標を立てる過程に寄り添い、立てた目標を大切にして、取り組む姿を励ましたり見守ったりします。取組の過程で、幼児の努力や成長を見逃さず認め、自信や喜びにつなげていきます。

遊びを通した学び
出前授業で…**「小学生みたい。やってみたいな」** 学校の先生に教えてもらい、自分で書いたり質問したりして、小学校の生活を知る。

遊びを通した学び
一年間を振り返って…
「お誕生日おめでとう」
自分の成長を感じるとともに、友達を祝ったり、祝ってもらうことを喜んだりしている。

主体的な学びを引き出す保育者の援助と環境の構成
誕生会やお別れ会、修了式などを通して、友達だけでなく保護者と共に成長を感じ、喜び合える場や機会をつくっています。幼児が、大きくなった自分の成長をたどる視点を示し、十分に認めていきます。

遊びを通した学び
絵本コーナーで…
「このたねはなんだろう」 自分の知りたいことに合わせて、必要な情報を調べようとしている。

遊びを通した学び
運転手さんとの話の中で…
「どんなお仕事しているの？」 身近にいる人の仕事について興味をもち、質問したり一緒に仕事を体験したりしている。

幼児教育を通して育まれた10の姿

- 社会生活との関わり
- 自立心

※これらの活動では他にも「協同性」「豊かな感性と表現」「道徳性・規範意識の芽生え」などの姿も見てとれますが、ここではあえて「学級活動（3）」に深くつながるものだけを抜粋して記載しています。

小学校の各教科等における資質・能力とのつながり

- 一人一人のキャリア形成と自己実現
「なりたい自分」に向けて目標をもち、その実現に向けて日常の生活をよりよくしようとする力

| 題材名 | **2年生にむけて** | 【特別活動　学級活動（3）】とのつながり |

幼児期の遊びを通した学び
自分なりに「～できるようになりたい」と目標を決めて、遊んでいる。
「カマキリのエサは何かな？」生き物を育てるときに、絵本コーナーで調べている。

目標	（知識及び技能）働くことや学ぶことの意義を理解するとともに、行動の在り方を身に付けるようにする。
	（思考力，判断力，表現力等）2年生に向けての自己の生活の課題を見いだし、よりよい解決のために話し合い、意思決定して実践することができるようにする。
	（学びに向かう力，人間性等）現在の生活をよりよく生きるために、自分に合った3学期の目標を立て、目標の達成を目指しながら主体的に行動しようとする態度を養う。

学習計画	事前の活動	本時の活動	事後の活動
	1・2学期に楽しかったことアンケートをとり、それらの写真を教室に掲示しておいて、子供たちが1・2学期を振り返られるようにしておく。	入学前や入学してからのことを思い出す。1年生になって成長したことを実感する。3学期のめあてを決める。（意思決定）	帰りの会で振り返りを行う。自分の立てためあてについて、振り返る。

【授業展開例】

つかむ
入学する前の気持ちや入学式のことを思い出し、課題に気付く。

★（入学前の交流や出前授業、入学式等の写真を見せて）入学するときはどんな気持ちだったかな？
　●ランドセルを買ってもらったときは、嬉しかったな。
　●早く学校に行きたかったよ。　●学校はどんなところかドキドキしたよ。
★4月からみんなは2年生ですね。どんな2年生になりたいですか？
　●新しい1年生に優しい2年生。　●何でもがんばる2年生。
　●新しい1年生にかっこいいと思われたいな。

POINT　幼児期の学びを踏まえた指導の工夫
幼児期から小学校に入学してきたころの写真を見せ、そのときの気持ちを思い出しながら、一人一人が成長してきたことに気付かせる。

「なりたい2年生」にむけて、どんなことをがんばればいいかな？

さぐる
1・2学期にあった出来事や学校行事を思い出し、自分たちの成長を話し合う。

★1・2学期に、みんなでどんなことをしてきたかな？
　●遠足で□□公園に行ったよ。　●音楽会でみんなで合唱をしたよ。
　●みんなで合唱をしたよ。　●運動会でダンスを踊ったよ。
　●生活科でおもちゃランドをして、たくさんお客さんが来てくれたよ。
★自分ががんばったことやできるようになったことには、どんなことがありますか？
　●掃除の時間にたくさん机を運べるよ。　●給食を残さず食べられるようになったよ。
　●たし算やひき算が早くなったよ。　●ノートの字をきれいに書くことができるよ。
　●友達と仲よくできたよ。　●忘れ物をしないように用意しているよ。
★みんなそれぞれ、1年間でたくさんのことができるようになったね。

> 1年間でできたことがたくさんあるね！！だから次は、～ができるようになりたいな

見付ける
なりたい2年生に向かって、3学期にがんばることを話し合う。

★はじめに○○な2年生になりたいって言ってたけれど、3学期にどんなことをがんばればよいか考えてみよう。新しい1年生にかっこいいと思われるには…？
　●大きな声であいさつできるようになれば、かっこいいと思ってもらえるんじゃないかな。
　●下駄箱の靴がきれいそろっているとほめてもらえると思うな。
★何でもがんばる2年生になるためには…？
　●苦手なことにも挑戦することが大切なんじゃないかな。

POINT　幼児期の学びを踏まえた指導の工夫
はじめに子供の発表で出てきた「なりたい2年生」になるためにがんばることをみんなで話し合い、自分に合った具体的なめあてが立てられるようにする。

決める
話し合ったことをもとに、「なりたい2年生」になるためにがんばるめあてを一人一人が決める。（意思決定）

★自分がなりたい2年生になるために、3学期にがんばることを決めましょう。
　●1年生に優しい2年生になれるように、友達にふわふわ言葉を使うようにします。
　●1年生のお手本になりたいから、掃除の時間に隅々までしっかり雑巾をかけたり、ほうきでたくさんゴミを集めたりすることをがんばろう。
　●私も1年生の見本になりたいから、トイレのスリッパや下駄箱の靴をそろえることをがんばる。
　●勉強をがんばる2年生になりたいから、いっぱい手を挙げて発表できるようにします。
★お隣の人のめあてを聞きましょう。これからの1週間でがんばっていることをお互い見付け合いましょう。

事後の活動
決めたことを実践する。一人一人めあてを書いてみんなが見えるところに掲示し、振り返りを行いながら実践をする。

★（帰りの会等で…）今日自分のめあてをがんばっていた人はいましたか？
　●○○さんが、今日の国語の時間に丁寧な字で書いていたよ。
　●△△さんは、今日の朝、校長先生に大きな声であいさつをしていたよ。
　●□□さんが、トイレのスリッパをきれいにそろえているのを見かけたよ。
★これから先もずっと自分ががんばったことが分かるように、「キャリア・パスポート」に振り返りを書いて残しましょう。

> 友達と一緒だと楽しくがんばれた！

POINT　幼児期の学びを踏まえた指導の工夫
自分で決めたことをがんばっている子供の様子を写真等で紹介し、友達のがんばりも認め、励まし合いながら実践ができるようにする。

107

幼児期の遊びを通した学び と 特別活動・学校行事 とのつながり

遊びを通した学び
運動会では…
「**私もあんな風に踊りたいな**」5歳児の姿を見て憧れの気持ちをもったり、お互いに教え合ったり、違う学年と活動することを楽しんでいる。

主体的な学びを引き出す保育者の援助と環境の構成
異学年が自然と関わりがもてるよう、場を近付けたり、取り入れやすいリズムや活動を計画したりします。保育者もクラスも超えて幼児と関わることで園全体で幼児たちを見守る風土を育てます。

遊びを通した学び
作品展では…
「**ぼくの電車とつなげてみよう**」友達のつくった作品から刺激を受け、自分でもつくってみようとしている。

主体的な学びを引き出す保育者の援助と環境の構成
自分がこだわって作った部分や、友達のすてきな部分など、互いの作品のよさを具体的に認めています。また、生活経験を存分に生かしていけるよう、必要な用具や材料を幼児と共に準備していきます。

遊びを通した学び
交通安全では…
「**ぼくたちのことを守ってくれてありがとう**」警察の方に園に来てもらい、自分の身を自分で守る方法を知る。

遊びを通した学び
地域行事では…
「**焼いてくれてありがとう**」地域の方と一緒に焼き芋づくりを楽しんだり、地域にはいろいろな方がいることを知ったりしている。

主体的な学びを引き出す保育者の援助と環境の構成
地域の方との出会いの場をつくり、人と触れ合う温かさや感謝の気持ちを育てます。園だけではできない経験が、幼児たちの豊かな感性を育みます。

遊びを通した学び
大掃除では…
「**幼稚園をピカピカにしよう**」今まで使ってきたものに愛着や感謝の気持ちをもち、大切に扱おうとしている。

遊びを通した学び
飼育栽培では…
「**何が出てくるかな**」と、種や球根を植えることを楽しみ、見通しをもって育てようとしている。

幼児教育を通して育まれた10の姿

- 協同性
- 社会生活との関わり

※これらの活動では他にも「自立心」「思考力の芽生え」「豊かな感性と表現」などの姿も見てとれますが、ここではあえて「学校行事」に深くつながるものだけを抜粋して記載しています。

小学校の各教科等における資質・能力とのつながり

- 集団活動の意義を理解し規律ある集団行動の仕方を身に付けたり、することのよさについて考え、集団で協力して取り組んだりする力
- 運動に親しみ、体力の向上に積極的に取り組もうとする態度

| 行事名 | うんどうかい | 【特別活動　学校行事】とのつながり |

| 幼児期の遊びを通した学び | 運動会に向けた5歳児の練習の様子を見て、「あんな風に踊りたい」と憧れの気持ちをもつ。お世話になった地域の方に焼き芋大会に参加してもらい、感謝の気持ちを育んでいる。 |

| 目標 | （知識及び技能）運動会の意義を理解し、規律ある集団行動の仕方を身に付けようとする。
（思考力、判断力、表現力等）集団活動を通して、運動することのよさについて考えたり、集団で協力して取り組んだりすることができるようにする。
（学びに向かう力、人間性等）運動に親しみ、楽しさを味わいながら、体力の向上に取り組もうとすることができる。 |
| 学習計画 | **事前の活動**
運動会の意義を理解する。児童会の目標や児童会種目の内容について話し合う。 | **体験的な活動の実践（本時）**
体育等で、学年の種目について、練習をする中で、他者との協働による実践を行う。運動会に向けてめあてを立て、振り返りながら実践を行う。 | **事後の活動**
活動の振り返りを行う。日常の生活、次の学校行事や次年度の学校行事に生かせるようにする。 |

【授業展開例】

事前の活動　小学校の運動会のイメージをもって活動に取り組めるようにオリエンテーションをする。

★教師：園での運動会はあったかな？ どんなことをしてきたのか教えて。
- かけっこやリレーをしたよ。
- 三角竹馬や跳び箱とか、得意なものをみんなの前で見せたよ。
- バルーンを年長のみんなで練習して発表したよ。
- たくさんのお家の人が見に来て、一緒にお弁当を食べたよ。

●児童：小学校の運動会も楽しそう！

★（昨年度の運動会の写真や動画を見せながら）小学校の運動会はどうですか？
- 保育園のときに、練習を見に来たよ。お兄ちゃんたち、速かったよね。
- 運動場が広いけれど、大丈夫かな？ みんなで合わせるの大変そうだな。
- 他の学年の人や家の人など、みんなの前で発表するんだね。
- 応援もするんだね。面白そう。

POINT 幼児期の学びを踏まえた指導の工夫
園で行ってきた運動会は、内容も規模も園によって様々だろう。小学校の運動会の様子を写真や動画で見せ、子供たちが安心できるように、イメージをもたせながら、運動会の意義や目的が分かるようにする。

運動会の練習　学年種目や種目の練習を行う。（練習の中で、友達や集団のよさ、共に活動する楽しさを味わえるようにし、振り返りを行いながら、集団への所属感を高めていけるように仕組んでいく。）

- みんながそろってきれいになったよ。
- ○○さんが、私の立つ位置を教えて助けてくれて、嬉しかったな。
- △△さんが玉入れのコツを教えてくれたから、たくさん入ったよ。
- みんなが応援してくれたから、ゴールまでがんばって走れたよ。

★一人でできなかったことも、みんなと一緒だとできるようになるね。
★友達を大きな声で応援したり、助けたりして、みんなで仲よくなれたね。学級の合言葉は「にこにこ○くみ」だね。（子供たちの気付きを認めて広げていく。）
★6年生のお兄さんやお姉さんは、どうでしたか？
- バトンパスが速くて上手ですごかったよ。
- 応援合戦の団長さんの声がかっこいいよ。あんな風になりたいな。

POINT 幼児期の学びを踏まえた指導の工夫
園の運動会の練習でも、友達を応援したり、作戦を立てたり等の経験をしてきている。それらの経験を学級生活づくりに生かす。

めあての決定　運動会の練習が始まったら、学級活動（3）の授業で、初めての運動会に向けて、自分のめあてを決める。

★運動会はどんな日にしたいですか？
- ダンスを間違えないように踊りたいなあ。
- みんなが笑顔で楽しい日にしたいな。
- 一生懸命に走ったり踊ったりしたいな。
- リレーをみんなでがんばりたい！

★運動会に向けて、自分ががんばりたいことを決めましょう。
- 玉入れで1番になりたいから、休み時間に練習する。
- ダンスを家族に喜んでもらえるように、覚える。
- 早く並べるように、みんなに声を掛ける。
- 楽しい運動会にするために、応援を大きな声でする。

一人一人が目標をもって！

運動会当日　一人一人が達成感を味わえるように教室で声掛けをし、当日のプログラムに沿って行動する。

★今日がんばりたいことは何ですか？（一人一人が、運動会のめあてを思い出し、目標をもって学校行事に参加できるように声掛けをして、教室を出発する。）
★（運動会が終わったら、帰りの会で）初めての運動会、みんながんばりましたね。今日がんばったことは何ですか？
- 6年生の人と一緒に、大きな声で応援をがんばったよ。

事後の活動　1年生の運動会の振り返りをし、次の行事や来年の運動会への意欲を高める。

★運動会でみんなができるようになったことは何ですか？
- 諦めずに最後までがんばれたよ。
- 並ぶのが早くできるようになったよ。でも、6年生はまっすぐできれいだったな。

★これからの生活の中でも、できるようになったことを生かしていきましょうね。そして、もっともっとすてきな1年○組にしましょうね。

「幼児教育と小学校教育がつながるってどういうこと？」作成協力者

幼児期及び幼保小接続期の教育の理解増進事業 実行委員

（敬称略・五十音順）

青木 一永	社会福祉法人檸檬会 副理事長
秋田 喜代美	学習院大学 教授　　東京大学 名誉教授
伊藤 唯道	順正寺こども園 園長
大豆生田 啓友	玉川大学 教授
岡林 律子	いの町立伊野小学校 校長
田村 学	國學院大學 教授
無藤 隆	白梅学園大学 名誉教授
村地 和代	滋賀県教育委員会事務局幼小中教育課 指導主事
渡邉 英則	港北幼稚園 園長 幼保連携型認定こども園ゆうゆうのもり幼保園 園長

教科調査官等

（敬称略）

大塚 健太郎	文部科学省初等中等教育局教育課程課教科調査官（国語）
笠井 健一	文部科学省初等中等教育局教育課程課教科調査官（算数）
齋藤 博伸	文部科学省初等中等教育局教育課程課教科調査官（生活・総合的な学習の時間）
志民 一成	文部科学省初等中等教育局教育課程課教科調査官（音楽）
小林 恭代	文部科学省初等中等教育局教育課程課教科調査官（図画工作）
塩見 英樹	スポーツ庁政策課教科調査官（体育）
堀田 竜次	文部科学省初等中等教育局教育課程課教科調査官（特別の教科 道徳）
安部 恭子	文部科学省初等中等教育局視学官・教育課程課教科調査官（特別活動）
横山 真貴子	文部科学省初等中等教育局幼児教育課幼児教育調査官
平手 咲子	文部科学省初等中等教育局幼児教育課教科調査官（幼児教育）

※職名は令和6年3月1日現在

本報告書は、文部科学省の令和5年度「幼児期及び幼保小接続期の教育の理解増進事業」を受け、株式会社ベネッセコーポレーションが取りまとめたものです。
したがって、本報告書の複製、転載、引用等には文部科学省の承諾が必要です。

幼児教育と小学校教育が
つながるってどういうこと？
幼児教育と小学校教育の円滑な接続のための参考資料

2024（令和6）年 10 月 7 日　初版第 1 刷発行
2025（令和7）年 6 月20日　初版第 3 刷発行

著作権所有　　　文部科学省　著

発　行　者　　　東京都千代田区神田錦町２丁目９番１号
　　　　　　　　コンフォール安田ビル２階
　　　　　　　　株式会社　東洋館出版社
　　　　　　　　代表者　　錦織圭之介

印　刷　者　　　東京都豊島区池袋 4-32-8
　　　　　　　　株式会社　シナノ

発　行　所　　　東京都千代田区神田錦町２丁目９番１号
　　　　　　　　コンフォール安田ビル２階
　　　　　　　　株式会社　東洋館出版社
　　　　　　　　電話　03-6778-7278

ISBN978-4-491-05659-3　　　　　　　　Printed in Japan

定価：本体 1,700 円
（税込 1,870 円）税 10%

[装丁] 喜來詩織
[イラスト] PIXTA（まむのすけ）

出典：文部科学省ホームページ　（https://www.mext.go.jp/）
「幼児教育と小学校教育がつながるってどういうこと？（幼児教育及び小学校教育
関係者向けの参考資料）」（文部科学省）をもとに株式会社東洋館出版社が作成。
（https://www.mext.go.jp/a_menu/shotou/youchien/mext_02697.html）